平野レミと明日香の

嫁姑ごはん物語

レミ…ブラウス12,744円（税込み）a+koloni／ファラオ、エプロン4,968円（税込み。送料600円）zipron（ジップロン）／remy
明日香…エプロン4,968円（税込み。送料600円）zipron（ジップロン）／remy

はじめに

こんにちは！　平野レミです。

はじめまして。和田明日香です。

私は、料理愛好家として活動しているシュフです。テレビや雑誌で、私が考えた料理をいっぱい作って紹介しています。そしてこの和田明日香って人は、「アーちゃん」っていって、わが家のお嫁さんです。嫁と姑。昔っから、

仲が悪いって決まってる関係です。アッハッハッ！

……紹介の仕方がちょっと乱暴じゃないですか？（笑）。

そう？　じゃあアーちゃん、自分で自己紹介やんなさいよ。

えーっと、私は、レミさんの次男の嫁です。まったく料理ができなかったのに、レミさんのところへお嫁に来てしまいました。こりゃ大変だと、一から勉強しながら、レミさんにもいろいろ教わってきたおかげで、今では料理が大好きになりました。

あ〜よかった！　大好きになったのね！

はい、おかげさまで。子どもを3人産んでからは、ごはんのことをますます真剣に考えるようになりました。もっと勉強したくなったので、食育インストラクターの資格を取って、お仕事させてもらってます。

うんうん、子育てとごはんは、切っても切れない関係だもんね。子育てで大事なのはスキンシップだって言うけど、私は、「ベロシップ」のほうが大事だと思ってるわよ。

出た！　ベロシップ！

ベロシップっていうのはさ……。

レミさん、ストップ。それはあとでじっくり聞かせてください。

そうか。まだご挨拶だっけ。それでそれで？　なんだっけ？

それで、本を出すことになった経緯ですが……私が仕事をはじめたのをきっかけに、雑誌のインタビューやテレビなんかで、レミさんと一緒にお仕事させていただく機会をいただいて。そうしたらある日、私たちの関係がなんだかおもしろいから、一緒に本を出してみませんか？と、編集部の方にお誘いをいただいたんですよね。

そうそう。それで、私とアーちゃんの本だったら、実際にアーちゃんに教えた私のレシピや、うちで食べてるごはんなんかも紹介できればいいねってことで、半分読み物、半分レシピの本になったの。

なんか、和田家の台所の様子が、会話やごはんも含めて、そのまんま本になっちゃった感じですね。

そうね！　うちの台所をのぞかれちゃってるみたい。

私は、レミさんの台所をのぞけたおかげで、それまで全然興味がなかった料理も、楽しそうだなと思えるようになったし、いろいろ作ってみたくなりましたよ。料理ってこんなんでいいんだ……って、勇気をもらえたし（笑）。

ちょっと。こんなんでって、どういう意味よ！

いやいや、まあいいじゃないですか。とにかく、私がそうだったから、この本を読んでくださる方も、きっと料理したくなっちゃうと思います。レミさんのごはんは、

どれもこれも、作ってみたくなるものばっかりだし。

え〜、ほんとに思ってるのかなあ。でもね、お料理って家族のため、体のためを思って、私なりに工夫したものばっかりだから、自信はあるけどさ。あと、アーちゃんの仰天な話もいっぱい出てきますから、楽しく読んでやってくださいね！

仰天って……。レミさんに言われたくないですよ（笑）。

もくじ

recipe 2

recipe 3

だしを知らない嫁に伝えただしの基本とレミ流常備調味料。

4

スキンシップよりもベロシップ。

ごはんで深める家族の絆。

recipe

5

時間をかけずに心をこめる。それが、平和をつくるシュフ料理。

recipe

1

嫁と姑
さいしょの
出会い。
そこには
やっぱり
ごはんがあった。

キャベツとレタスの違いが
わからなかった嫁が、
はじめて「生レミ」を見た日の衝撃。

レミ　アーちゃん［＊1］、もう6年くらい？　うちに来て。

明日香　そうですね。嫁いで約5年半です［＊2］。

レミ　もう5年半か。でも、アーちゃんは全然変わらないね。さいしょから緊張もせず堂々として。

明日香　レミさんが、緊張させないでくれたからですよ。

レミ　いや！　アーちゃんが自然体だから、こっちも緊張しないでいられるのよ。相乗効果よ。どっちかが緊張したら、お互い緊張しちゃうじゃない。

明日香　そういうもんですかね。

レミ　うちに来る前のアーちゃんは、まだ学生さんで、料理はおかあさんまかせだったんでしょ？

明日香　正直、料理にはなんの興味もありませんでした。

レミ　だって、キャベツとレタスの見分けもつかなかったんだもんね。それ聞いたときは、とんでもない嫁が来ちゃった、息子の食事はまかせられないな、

［おことわり］
＊印の注釈は編集部によるものですが、一部著者による注釈には「ｂｙレミ」「ｂｙ明日香」と記しました。

＊1　レミの次男・和田率（りつ）さんの妻・明日香の愛称。

＊2　２０１０年２月14日、率さんと明日香は結婚。

って思っちゃったわよ。

明日香　これを公表するのは勇気がいりますが、穫れる場所の違いで、キャベツとか、レタスとか、呼び名が変わるんだと思ってたんですよ。

レミ　アーッハッハッハッハッハッ。ひどいね！　料理に関心がなかったなら、私のことも知らなかったでしょ？

明日香　すみません、全然知らなかったです。ところで、レミさんはレミさんで、私が結婚の挨拶に行くまでのこと覚えてないでしょ。

レミ　え、なんかあったっけ？　結婚前に？

明日香　率さん［＊3］のおうちに友だちが集まって、鍋をしようって話になったとき、率さんが「香菜《シャンツァイ》じょうゆ［＊4］がいるな」って言ったの。だから、香菜を買いに行くのかなと思ったら、「たぶんうちの実家にあるから取りに行こう。一緒においで」って言われて、率さんと一緒にここんちに来たんですよ。

レミ　あー。なんか背の高いコが来たな、ってことだけは覚えてる。

明日香　そう。それでおうちに上がったら、レミさんが、「何？　香菜？　あるよ、あるよ！」って、もう次の瞬間には冷蔵庫から香菜を出してて、「何作るの、何作るの？　鍋？　あー香菜じょうゆね、わかった！」って言うと、すごい勢いで、ガガガガガガッ……って香菜を刻みはじめたんです。それがはじめてレミさんを間近で見たときでした。

＊3　明日香の8歳年上。大手広告会社勤務を経て、クリエイティブディレクターとして独立。

＊4　包丁でみじん切りした香菜に、ほぼ同量のしょうゆを混ぜるだけ（by レミ）。

レミ　そうだったっけ。

明日香　そのときにいちばん感動したのは、包丁さばき。すっごいスピードで包丁が見えないくらいでした。それで、香菜を刻んでボウルに入れたら、その中へバッシャーンとおしょうゆを放り込んだんですよ。

レミ　香菜としょうゆが1対1になるようにね。

明日香　あ、分量とかあったんですね。

レミ　どういうことよ！（笑）。

明日香　いや、今じゃ全然びっくりしないんですけど、あのときは「料理ってこんなに自由でいいんだ」って、衝撃でした。料理がまったくできなかった私にとっては、あれで料理の敷居がずいぶん下がりましたよ。

レミ　あっそう？　じゃあよかったじゃない。

明日香　うん。勇気出ました。

レミ　でも、スーパー行かずにうちに香菜取りに来るって、おかしいね〜。

明日香　まぁ、レミさんちには絶対ありますからね。

レミ　あるある。香菜は鼻に突っ込んで歩きたいくらい大好き。あの匂いの香水があったら欲しいくらい。

明日香　いいですね、虫除けになるんじゃないですか？　私はいらないけど（笑）。

レミ…ブラウス7,452円（税込み）Mashu Kashu／㈱GSIクレオス、エプロン4,968円（税込み。送料600円）zipron（ジップロン）／remy
明日香…長袖Tシャツ（参考商品）w closet／WEARS INC.、エプロン4,968円（税込み。送料600円）zipron（ジップロン）／remy

嫁への第一印象は、ワインを盗りに来た「デカい女」。

レミ　私が覚えてるアーちゃんの第一印象は、それよりあとのことね。

明日香　いつですか？

レミ　率が夜、アーちゃんと一緒にドタドタってうちに入って来て、「ワインある？　あったらくれない？」って言ってさ。私が「あるある」って、あれこれ悩んで渡したら、「じゃ、どうも〜！」って、私の顔も見ずにすぐ帰った日。

明日香　うわ。それじゃただのワインを盗りに来た女じゃないですか。また話、大げさにしてるでしょ！

レミ　してないって！　ワインを盗りに来た女だったのよ。それが私の第一印象。デカい女だな〜って思った。だってアーちゃんが入って来たとき、電気が隠れちゃって、部屋が暗くなったもんね。

明日香　まったく、失礼しちゃうな。それ以来、「デカいねー、若いねー、デカいねー、若いねー」って、ずーっと言われてる気がする。

レミ　体もデカいけど、目もデカいし、態度もデカいし、いつも元気だもんね。

明日香　なんか全然褒められてる気がしないんですけど。

レミ　褒めてるよ！　すっごく褒めてる！　だって、元気がいちばんでしょ！

明日香　それはそうですけど。

レミ　で、その次よね。「結婚する」って言いに来たのは。

明日香　はい。でも、何より忘れられないのが、結婚することが決まって、はじめてお互いの両親が会うことになった日のことです。挨拶がてら、ごはんを食べましょう、みたいな会があって。

レミ　そうだそうだ。みんなで一緒にね。

明日香　ところが、その日の朝に、私の妊娠がわかったんですよ。ただでさえ、学生結婚ってことで親に心配かけてたのに、両家の挨拶の場でいきなり「妊娠してます」って言ったら、さすがにマズイだろうって。夜の会食がはじまる前に、それぞれの両親にちゃんと報告をしようってことになって、まずは、和田家［＊5］に行きました。

レミ　そうそう、会食の前にわざわざうちに寄るって言うから、何かと思ったら、率がいきなり「おかあさん、ちょっと話があるんだよ」って。その瞬間、私が「妊娠でしょ!?」って言ったら、「大当たり！」ってね。

明日香　そしたら、レミさんが私のお腹めがけて飛び込んで来て。「うわ〜〜。アーちゃん！」って言いながら。

レミ　そうそうそうそうそう（笑）。嬉しくて嬉しくて、ソファーに座ってる

＊5　レミは本名「和田レミ」といいます。レミの旦那さまは『週刊文春』（文藝春秋）の表紙イラストを描いている、イラストレーターの和田誠さん。

アーちゃんを押し倒しちゃった。

明日香　「お腹の子がつぶれる！」って率さんは焦ってましたけどね（笑）。でも、ほんとに嬉しかったです。あのときは、誰よりもレミさんが喜んでくれたから。

レミ　アーちゃんのご両親はどうだった？

明日香　実は、ママには少し怒られました。計画性がないって。ちょうど私の就職が決まったタイミングでもあったんですよ。ママはバリバリのキャリアウーマンだったから、私にもちゃんと仕事をさせたかったんだと思います。今では仕事を休んでまで、孫に会いに来ますけどね。

レミ　パパは？

明日香　パパは、「計画とは違うかもしれないけど、目の前にあることを幸せだ！　って思う事が、いちばんの幸せだよ」って言ってくれましたね。あー、思い出しただけで涙が出てくる。

レミ　そういうでっかい心のご両親だから、アーちゃんもでっかくなっちゃったのね。絶対そうよ。

明日香　うーん。それは単純に、よく食べるからじゃないかな（笑）。

作りすぎる姑と、食べすぎる嫁。ごはん物語のはじまり。

レミ　アーちゃんの妊娠をきっかけに、率と二人暮らしをはじめたのよね。

明日香　数か月後には子どもが生まれるし、その前にちゃんと二人で生活をしておこう、ってことで、一緒に住みはじめました。

レミ　それからはうちにしょっちゅう来るようになったのよね。ごはんもよく一緒に食べるし。アーちゃんは次から次へと、ほんとにたくさん食べるよね。

明日香　いやいやいやいや。レミさんがたくさん作るからですよ。みんなが「お腹いっぱい」って言ってるのに、「これもおいしいよ！」って、また何か作るでしょ。結局残ったものは「若いんだから」って私が食べることになって。まあ、ゴミ箱みたいなもんですよ。私は。

レミ　アーッハッハッハ！　それでこそうちの嫁だ！　太っちゃう、なんて、気にしたことないでしょ。

明日香　一応気にしてますよ！　でもなんか、レミさんのごはんなら食べすぎても大丈夫かなって思っちゃうんですよね。体にいいものばっかりだし。何より、おいしいし。

レミ　率より食べるもんね。

明日香　それはさすがに……そうかもしれない。

レミ　いいじゃないの、食べるのが好きじゃないと、料理も上手になんないからね。アーちゃんが料理を楽しめてるのもさ、おいしいものを食べることが好きだからでしょう。

明日香　それもあるけど、レミさんの近くにいるからってことは大きいですよ。超早くて雑だけど、楽しそうに料理するところを見せてもらってるから。

レミ　でもさ！　私が「アーちゃん、これはこうやって作るのよ」って教えても、「はいはいはい。はい、わかりました。あーはいはい」って、いつもめんどくさそうに聞いてるじゃない！　あれは雑だから怒ってんの？

明日香　違いますよ。レミさんがすっごい早さで作るから、私は必死で目に焼きつけてるんですよ。そもそも、ワー！　とか、キャー！　とか、言わない性格だし。

レミ　反応してくれないと張り合いないじゃない。ちょっとは言いなさいよ。

明日香　レミさんと違って、落ち着いた性格だから無理です。でも、いろいろ助けてもらってます。余ったごはんとか食材を、家まで届けてくれるときもありますもんね。「レシピ書いといたから、アーちゃんも作りなさいよ」って。

レミ　そうそう。おいしいものができたり、新鮮なもの買って来たときは、今すぐアーちゃんに教えなきゃ！　届けなきゃ！　って思うんだよね。レシピ書いておけば、ちゃんと作ってくれるしさ。

明日香　レシピ……というか、これは何かの呪文［＊6］か？　って思うときが多いですけどね（笑）。なんとか解読して作ってます。

レミ　読めちゃうからすごいね。書いた自分でも読めないときがあるのに。

明日香　走り書きのぐっちゃぐちゃの字を見てると、よっぽどおいしいものができて、興奮して急いで書いてくれたんだろうな～って思って。私も食べたい！　だからなんとか解読してやる！　って気になるんですよ。それくらいの情熱がないと、あれは読めません。

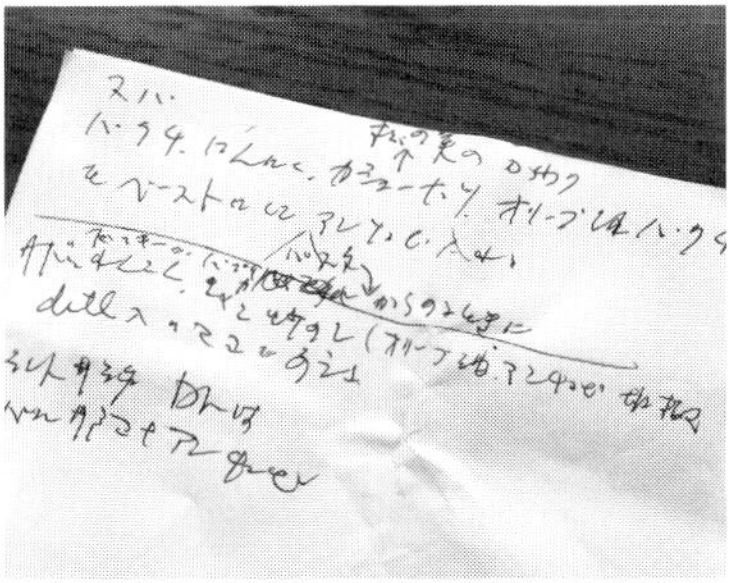

＊6　チラシの裏、包装紙の裏、レシートの裏……となんでもありなんです（by明日香）。

嫁に作ったさいしょの料理は、「食べればコロッケ」。

明日香　レミさんちに行くようになってすぐの頃、「私は、こんな料理を作るのよ」って、自己紹介みたいな感じで出してくれたのが、コロッケでした。もちろん、普通のコロッケじゃないやつ。

レミ　「食べればコロッケ」［☞34頁］ね。アーちゃんに食べさせたかったのよ。あれって、私の手抜き料理第1号の看板料理で処女作品なの。結婚してたけど（笑）。そういえば、男の人にも処女作品って言葉使うのよね。おもしろいね。

明日香　ま、それはそれでおいといて。コロッケの誕生秘話を聞いて、和田家がもっともっと好きになりました。

レミ　あれは、うちの息子のおかげでできたレシピだからね。その昔、息子が遊んで帰って来て、「今日はコロッケが食べたい！」なんて急に言われてさ。「はいわかった」って言ったけど、1日中仕事をしたあとだったから、準備なんか何もしてないし、一からコロッケを作るとなると、大変じゃない。時間もかかるし。

明日香　私だったら、「ごめん！　今からコロッケは無理！」って言いますよ。

レミ　でも、冷蔵庫の中を見たら、ひき肉があって、キャベツもあった。玉ねぎとじゃがいもも買ってあったし。これでコロッケの味は作れるはずって考えたのね。で、まずキャベツをせん切りにしてお皿に敷いて、じゃがいもは皮ごとチンして皮をむいて、ちょっと崩してキャベツの上に置いたの。ひき肉と玉ねぎのみじん切りは、フライパンで炒めてパラパラにして、塩こしょう。ナツメグをちょっと入れて臭みをとって、それをじゃがいもの上にかけたら完成。ソースをかけて、「はい、できたわよ！　コロッケ」って出したの。

明日香　コロッケ……じゃないですけどね（笑）。

レミ　そうなのよ。うちの長男の唱［＊7］にも「おかあさん、これコロッケじゃない！」って言われちゃってさ。でも、すごいのが、「だって、パン粉がないよ」だって。あ〜ら、ほんとだ。足りないのはパン粉だって。

明日香　さすが、唱ちゃん。

レミ　だから、パン粉をフライパンでカラッと乾煎《からい》りして、上からパラパラパラってのっけて食べさせたの。そしたら、「ごっくんしたらコロッケだっ！」って言ってくれた。嬉しそうにね。それで、「ごっくんコロッケ」って名前にしたの。

明日香　食べればシリーズはそこからはじまったんだ。

レミ　今はパン粉のかわりにコーンフレークにして、煎る手間も省いちゃった。

＊7　レミの長男・和田唱（しょう）さんはロックミュージシャン。3人グループ「TRICERATOPS（トライセラトップス）」のヴォーカルで、ギターを担当。

名前も「食べればコロッケ」にしてね。

明日香　「食べればコロッケ」は、レミさんの料理のポリシーそのものって感じですよね。

レミ　ここ（のどを指して）を通るときにコロッケならＯＫ！　料理はね、最終的に口の中で帳尻が合えばいいのよ。見た目はなんだっていい。ごはん作りは毎日のことだから、それくらい大きな気持ちでやらないと、シュフは続かないわよ。料理を作るときは、冷蔵庫の中にあるもの見てさ、今日は何にしようかって考えるの。計画も何もない。その日暮らし。それでアイデアが出てくるの。

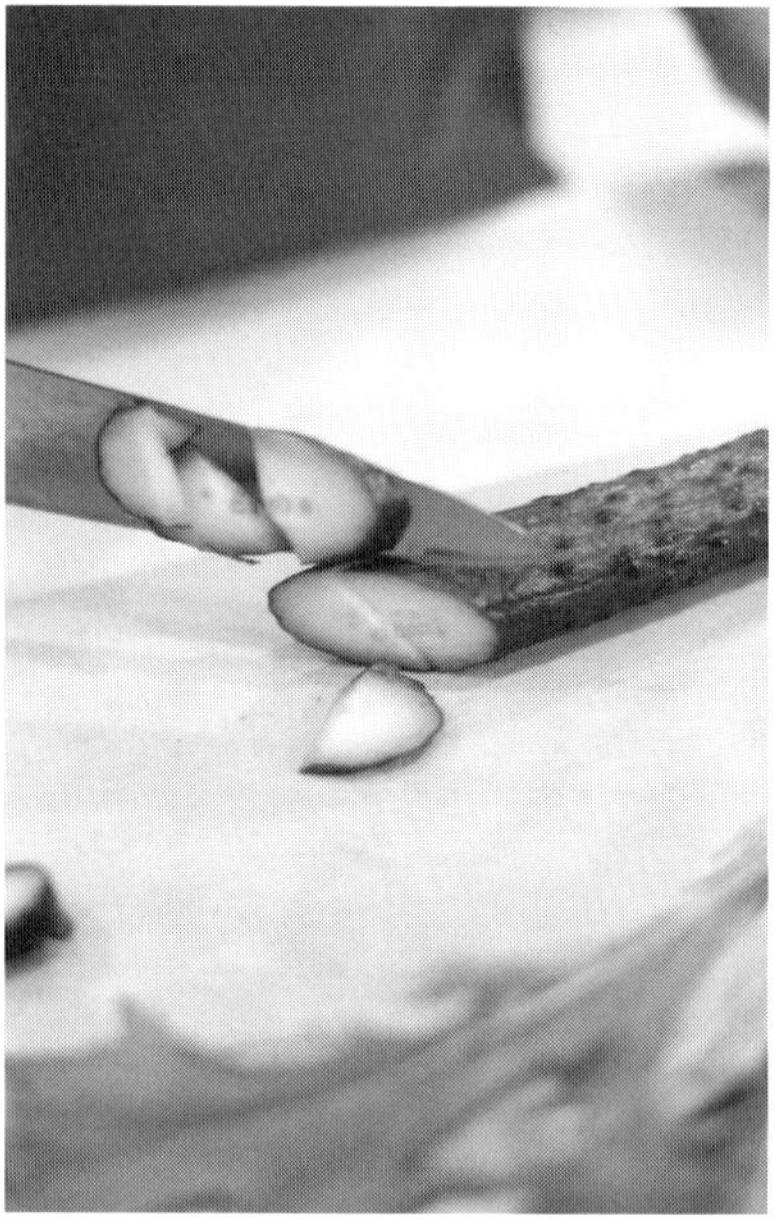

「春巻かず」に「食べれば小籠包」。それっていったい何？

レミ　口の中で帳尻を合わせるメニューはたくさんあるわよ。最近だと、「食べれば春巻き」、私は「春巻かず」［☞36頁〜］って呼んでる。

明日香　衝撃のネーミングですね……。

レミ　「食べればロールキャベツ」［☞46頁］はうちの定番だし。「食べればおいなりさん」［☞40頁］とか、「食べればカツサンド」［☞44頁］とかね。「食べれば小籠包」［＊8］ってのもある。

明日香　それ！　この前、食べました。

レミ　私さぁ、小籠包が大好きなの。蒸し立てをスプーンにのっけて、皮をちょっとかじると、中からあつあつのスープがジョワ〜って出てくるでしょ。あのスープがおいしいじゃない。その大事なスープがうっかりこぼれたりしたときにはもう、お先まっ暗よ。目も当てられない。具はどうでもいいから、あのスープをいっぱい飲みたかったの。あんな少しぽっちじゃなくて、あのスープをい〜っぱい飲みたいから、スープ仕立ての「食べれば小籠包」を作ったの。

＊8　申し訳ありません。材料と作り方はこの本には出ていません。ご興味のある方は、レミのホームページ「remy」(https://remy.jp/)をご覧ください。

明日香　だからスープたっぷりなんですね。さいしょ作ったときは、間違えちゃったかと思ったけど。おいしかったです。

レミ　でしょ。阿川佐和子さん［＊9］がうちに来て、私があれを作って出したら、「レミさん、小籠包屋ができるわよ！」って感心してくれた。

明日香　レミさんの料理って、いつも豪快で潔いですよね。

レミ　私ね、チマチマチビチビした料理は嫌いなの。チマチマチビチビチョコチョコ食べるのって、大っ嫌い！　イライラしちゃう。懐石料理なんてさ、なんだか能書きいっぱいで、この器は誰が焼いた器でどうだこうだって聞かされるけど、肝心の料理は、器にちょっとしか入ってないじゃない。みんなで器を褒めながら、中のもんをチョビチョビ食べてさ。私、あんなことやってられないの！　器がいいのはわかったから、中身もドーンと持って来て欲しい。

明日香　そういう性格だから、食べればシリーズが次々とできたんですね。せっかちで、豪快で、ムズカシイことが苦手で。

レミ　アーちゃんこそ、全然褒めてないんじゃないの!?

明日香　いやいやいやいや。ほんとに気持ちいいですよ。豪快で。私も、チマチマチビチビチョコチョコは嫌いなんで。

レミ　前に、知り合いの家でお昼ごはんをごちそうになったのね。高そうな骨董品の古九谷のどんぶりが出てきて、ははーって感じで中をのぞいたら、底の

＊9　エッセイストの阿川さんです。昔からのお友だち。うちのごはんをよく食べに来ます（ｂｙレミ）。

ほうにチョロっとだけ牛丼が入ってたの。上品に盛りつけたつもりかもしれないけど、私はケチだな！　って思っちゃった。だからさ、上品とケチは紙一重なのよ。アーちゃん、盛りつけには気をつけないとね。

明日香　逆にレミさんの盛りつけは豪快すぎて、食べるのが大変なときもありますけどね。汁物とか、お椀を持つ指が汁につかっちゃうくらい、ギリギリまで入れるじゃないですか。あつあつの汁を、なみなみと。あれは罰ゲームに近いですよ。

レミ　ケチよりましでしょ！

餃子の皮を包むのが面倒なら、かぶせればいい。

明日香　「食べれば小籠包」に話は戻りますが、点心って、包むのが面倒だから、食べればシリーズになりやすいんですかね。「食べれば餃子」ってのもありますもんね。

レミ　別名「台満餃子」ね。作り方がすごく怠けてるから、〝怠慢餃子〟なんだけど、中華風に、台湾の「台」に満州［*10］の「満」で「台満餃子」って名前にしたの。

明日香　私、餃子大好きなのに、作るのはどうも苦手で。

レミ　あー、率が言ってた。アーちゃんから仕事場に泣きながら電話がかかってきて、「餃子がうまく焼けない」って言われたって。

明日香　そうなんです。もう悔しくて！　何回やってもダメ。皮がフライパンにくっついちゃって、すごいことになるんですよ。

レミ　皮がはがれちゃって、グチャグチャになるのよね。

明日香　率さんはやさしいから、「食べて餃子の味だったらいいよ」って言ってくれたんですけど。悔しいじゃないですか、私としては。なんでうまく焼け

＊10　現在の中国東北部。日本の餃子の原型は、この地方の餃子といわれている。

ないんだ！　って腹立っちゃったんですよ。

レミ　おかしいなぁ、レミパンで焼けば失敗しないはずだけどね。

明日香　サラッと宣伝してる（笑）。それで、レミさんにコツを聞きに行って、油加減とか、火加減とか、火にかける前に餃子を並べるっていうこととか、いろいろ教えてもらったんですよ。

レミ　でもさ、餃子ってそもそも包むのが大変でしょ。だから、フライパン［＊11］に餃子の皮をペタペタペタって並べて、そこに餃子の具をのせて、またその上から皮をペタペタペタってかぶせて、サンドイッチにするの。包まずに。これで焼けば、「食べれば焼き餃子」［☞42頁］のでき上がり！

明日香　包んでないのに、焼き上がりを見ると包んであるようにしか見えないからびっくりですよ。

レミ　そうでしょそうでしょ！

明日香　ラクチンでおいしいって、そんなにいいことないですよね。

レミ　そうよ。シュフはシェフじゃないんだから、見た目は二の次。料理は簡単で、おいしくて、楽しければいいの。アーちゃんは、結婚して子どもを３人［＊12］も産んで、料理も一からはじめて、いろいろ大変だろうけどさ。頑張るんじゃなくて、とにかく楽しまなきゃね。

明日香　はい。頑張ります。じゃなくて、楽しみます！

＊11　もちろん、おなじみの「レミパン」のこと。レミパンは実は、焼き餃子を上手に焼くためのアイデアが、誕生するきっかけのひとつになったそうです。

＊12　明日香は23歳でママになりました。子どもたちは、5歳の長女、2歳の長男、そして1歳の次女（by明日香＝2015年10月現在）。

食べればコロッケ

「食べたときの味がコロッケになればいい」で、ひらめいたの

私の好きな「食べればシリーズ」の第1号。かれこれ40年前に考えついたレシピね。今思えば簡単なのはもちろんだけど、油で揚げないヘルシー料理のはしりだったかもね。こんなコロッケの作り方、子どもがいなければ思いつかなかったんじゃないかな、と思うの。

材料（4人分）

	じゃがいも	中4個
	玉ねぎ（みじん切り）	½個
	合いびき肉	200g
	塩、こしょう	各適量
	サラダ油	大さじ1
	酒	大さじ1
A	塩、こしょう	各少々
	ナツメグ	少々
	キャベツ（せん切り）	4枚
	コーンフレーク（プレーン、粗くくだく）	½カップ
	パセリ（みじん切り）	適量
	中濃ソース	適量

作り方

1 じゃがいもは皮のまま水にくぐらせ、1個ずつラップで包み、電子レンジ（600W）で約12分加熱する（途中、上下を返す。串がスッと通るようならOK）。熱いうちに皮をむき、ボウルに入れてフォークで粗くつぶし、塩、こしょうをふる。

2 フライパンにサラダ油を熱し、玉ねぎを中火で炒め、透きとおってきたら、ひき肉を加えて炒める。さらに酒を加え、ひき肉がパラパラになるまで炒め、Aを加えて味を調える。

3 器にキャベツ、1、2の順に重ねて盛り、コーンフレークとパセリを散らす。中濃ソースをかけていただく。

春巻かず メキシコ編

春巻きの皮を「巻かず」に食べちゃう春巻きよ。メキシカンな味わいね

巻かない、揚げない、で手軽にできちゃうから、「春巻き」ならぬ「春巻かず」。食べれば、口の中で春巻きの味に。3種類紹介するうちの第1弾は、アボカド、トマト、チーズのコクのある具を、タバスコでスパイシーに仕上げたメキシコ風。パリッと香ばしい皮と一緒に食べると、ビールがどんどん進んじゃうわよ。

材料（4人分）

A	アボカド（ざく切り）	1個
	ミニトマト（ざく切り）	8個
	小麦粉	大さじ2
とけるチーズ		80g
春巻きの皮		4枚
オリーブオイル		適量
タバスコ（好みで）		適量
粗びき黒こしょう（好みで）		適量

作り方

1 ボウルにAを混ぜ合わせる。

2 フライパンに薄くオリーブオイルを熱し、1の¼量を中央に広げ弱めの中火で焼き、上から¼量のチーズを散らす。

3 春巻きの皮を1枚かぶせ、皮の表面にオリーブオイルをハケでぬり、ヘラで押さえる。焼き色がついたら返して少し焼き、器に盛る。同様に残り3枚も焼く。好みでタバスコ、粗びき黒こしょうをふる。

春巻かず アジア編1

春巻きの皮を巻かないのに、春巻き以上のおいしさね

春巻きは、中身の見えない楽しさもあるかもしれないけど、「春巻かず」なら、おいしい具をドーンとのせられるの。豚バラ肉としいたけのオイスターソース炒めが目に飛び込んでくるだけで、食欲もそそられるでしょ。

材料(4人分)

A	豚バラ薄切り肉(3cm幅に切る)	100g
	長ねぎ(小口切り)	40g
	しいたけ(細切り)	4枚
B	オイスターソース	小さじ½
	ナンプラー	小さじ½
小麦粉		大さじ1
春巻きの皮		4枚
ごま油		小さじ1
からしじょうゆ、酢じょうゆ		各適量

作り方

1 フライパンに油をひかず、Aを順に炒めBで調味し、小麦粉を混ぜ、取り出す。

2 フライパンにごま油を熱し、1の¼量を中央に広げ、弱めの中火で焼く。すぐ春巻きの皮を1枚かぶせる。皮の表面にごま油少々(分量外)をハケでぬり、ヘラで押さえる。焼き色がついたら返して少し焼き、器に盛る。同様に残り3枚も焼く。

3 からしじょうゆや酢じょうゆでいただく。

春巻かず アジア編2

皮を散らして食べるバージョン

春巻きを揚げるとき、揚げ油って結構使うもの。でもこの「春巻かず」なら、春巻きの皮の片面に油少々をぬるだけだから、ヘルシーだし経済的でしょ。鶏とたけのこの炒めものに、香菜をたっぷり加えることがおいしさの秘訣ね。

材料（4人分）

	ゆでたけのこ（1cm角に切る）	150g
	鶏もも肉（2cm角に切る）	250g
A	オイスターソース	大さじ1と½
	ごま油	大さじ1と½
	一味唐辛子	少々
	塩	小さじ½
	春巻きの皮	1枚
	香菜（1cm長さに切る）	1束
	ごま油	小さじ1
	レモン汁（好みで）	適量

作り方

1 ボウルにたけのこと鶏肉を入れ、Aにつけ込み、10分下味をつける。

2 春巻きの皮は半分に切って、ハケでごま油少々（分量外）を片面にぬり、オーブントースターでこんがり焼く。少し冷ましてから、手で粗くくだく。

3 フライパンにごま油を熱し、1を加えて中火で炒める。

4 3に香菜を加えて混ぜ、器に盛る。2を散らし、好みでレモン汁をかける。

食べればおいなりさん

「食べればおいなりさん」は、おいなりさんは買ってくるものと思っていたアーちゃんにもできるやり方よ。彩りのいい五目混ぜずしにお揚げを添えるだけで、きれいに盛りつけられるし、ごちそう感もアップ！
子どものお誕生日会にもおすすめ。お揚げでごはんを包むのはセルフサービス。みんなでワイワイ楽しく食べてね。

おいなりさんはお揚げの中にごはんを詰めるのが大変ね。だったら、口の中で帳尻合わせせよ

材料（4〜6人分）

	干ししいたけ	15g
	油揚げ	2枚
	にんじん（いちょう切り）	40g
A	干ししいたけのもどし汁	全量
	しょうゆ	大さじ2
	砂糖	大さじ2
	みりん	大さじ2
	酒	大さじ2
	ごはん（温かいもの）	茶碗4杯分
B	米酢	大さじ5
	砂糖	大さじ2
	塩	小さじ1
	白いりごま	大さじ½
C	卵	1個
	塩	少々
	絹さや（塩ゆでし、斜めに切る）	適量

作り方

1 干ししいたけは、1と½カップの水でもどし、5mm角に切る。もどし汁はとっておく。

2 油揚げは油抜きをし、粗熱がとれたらめん棒で軽くのばし、四方の端を切り取り2枚にはがし、縦5等分に切る。切り取ったものは粗いみじん切りに。

3 鍋にAを煮立て、1のしいたけと2を入れ、落としぶたとふたをして、弱火で10分煮る。次ににんじんを加え、煮汁が煮詰まるまで10分ほど煮る。

4 器に3の5等分にした油揚げを盛る。

5 五目混ぜずしを作る。ごはんに合わせたBと白いりごまを混ぜ、残りの3の具も加える。

6 耐熱容器にCを入れてよく混ぜ合わせ、電子レンジ（600W）で約50秒加熱し、すばやくかき混ぜ、いり卵を作る。

7 4に5を盛り、6と絹さやを散らし、白いりごま少々（分量外）をふる。

8 油揚げで混ぜずしを包みながらいただく。

食べれば焼き餃子

**餃子の皮も包むのが面倒ね。
だったら、フライパンに皮を敷いて
具をのせて、皮でサンドすればいい**

よ〜く見て！　フライパンいっぱいに作ったこの餃子、ひとつも包んでいないのよ。皮を並べてタネを広げ、上にも皮を並べてサンドしただけだから、かかった時間はほんの数分。具と皮がくっつくように、タネの下と上には小麦粉を散らしてね。

材料（4人分）

A	豚バラ薄切り肉（たたいてミンチ状にする）	100g
	木綿豆腐	100g
	長ねぎ（みじん切り）	大さじ6
	「わたしの和だし」（109頁。破って取り出す） ※だしパックでもよい	1袋（8g）
	白すりごま	大さじ3
サラダ油		大さじ2
餃子の皮（大判）		1袋（25枚）
小麦粉		小さじ4
水		1/3カップ
香菜		適量
ポン酢		適量
ラー油		適量

作り方

1　ボウルにAを合わせ、よく混ぜ合わせて餃子のタネを作る。

2　フライパンにサラダ油大さじ1をひき、半量の餃子の皮を接着面になる部分に水をつけ、円形状に並べ、小麦粉小さじ2を散らす。

3　2の上にタネを均一に広げ、ペタペタたたいて空気を抜き、小麦粉小さじ2を散らし、残りの餃子の皮を並べる。

4　水を入れ、ふたをしたら強火にかけ、フライパンが温まったら中火で5分、弱火にして3分たったら裏返す。

5　鍋肌からサラダ油大さじ1をまわしかけ、ふたをしないで中火で5分、焼き色がついたら完成。器に盛り、香菜をのせる。ポン酢とラー油でいただく。

食べればカツサンド

これも、口の中で帳尻の合うメニュー。カツはお店のカツでも手製でも、魚カツでもOK

カツサンドだと、どうしても野菜不足になりがちでしょ。なんとか野菜を食べさせるいい手はないかと考えているときに思いついたのがこれ。パンにカツをはさむのではなく、大盛りのせん切りキャベツに、ひと口大に切ったカツとパンを散らすの。どっちがメインなのかわからないくらいに。これで「食べればヘルシーなカツサンド」になるわよ。

材料（4人分）

キャベツ（せん切り）	4〜5枚
好みのカツ（市販品、ひと口大に切る）	2枚
食パン（トーストして、ひと口大に切る）	1枚
パセリ（細かくちぎる）	適量
中濃ソース（好みで）	適量
マスタード（好みで）	適量

作り方

1 ボウルにキャベツ、カツ、食パン、パセリを混ぜ合わせ、器に盛る。

2 好みで、中濃ソースとマスタードでいただく。

食べればロールキャベツ

ロールキャベツって、手間がかかる料理の代表みたいなもの。どうせコトコト煮るんだから、タネを包むためだけにキャベツをゆでるなんていう手間はカット。キャベツを敷いて、タネを入れ、上からもキャベツをのせて重ね煮すれば、ほらこのとおり、ミルフィーユ風のロールキャベツに。

キャベツの葉を巻いている間にグチャグチャになって失敗しがちなのがロールキャベツ。だから巻かない

材料（4〜6人分）

A 豚肩ロース肉（たたいてミンチ状にする）	300g
片栗粉	大さじ1と½
ケチャップ	大さじ1
オイスターソース	小さじ2
ナツメグ	小さじ⅛
塩	小さじ½
黒こしょう	少々
オリーブオイル	大さじ2
にんにく（みじん切り）	大1片
B キャベツ（ざく切り）	½個
玉ねぎ（くし形切り）	1個
ベーコン（2〜3cm幅に切る）	70g
ミニトマト	12個
ローリエ	1枚
鶏がらスープ	2カップ
塩、こしょう	各適量
パセリ（みじん切り）	適量
粉チーズ（好みで）	適量
タバスコ（好みで）	適量

作り方

1 ボウルにAを入れ、粘りが出るまでよく混ぜ合わせる。

2 鍋にオリーブオイルとにんにくを入れて中火で炒め、香りが立ったらBの半量を鍋に均一に広げ、その上に8等分にした1をスプーンで並べ入れ、残りのBを均一にかぶせる。ローリエとスープを加えて落としぶたをし、弱めの中火で約30分煮込む。仕上げに塩、こしょうで味を調える。

3 器に取り分け、パセリを散らし、好みで粉チーズやタバスコをふる。

BASCO

レミ…ピンクシャツ（スタイリスト私物）
明日香…グレーニット（参考商品）w closet／WEARS INC.

2

まじめに
やればやるほど
世間は騒ぐ。
話題の
レシピの
舞台裏。

いちばんおいしかったのは、出産直後に食べた塩むすび。

明日香　レミさん、今まででいちばんおいしかったごはんってなんですか？

レミ　うーん、おにぎりかな。

明日香　おにぎり!?

レミ　はじめての出産のあとに食べた、おにぎりのおいしさが忘れられない［＊13］。10時間くらい陣痛が続いて、あの頃は立ち会い出産なんてなかったから、たったひとりで痛みに耐えて。やっと子どもが出てきたら、喜びと達成感で寝ちゃったの。目が覚めて、ふと枕元を見たらね、番茶とおにぎりがあってさ。見た途端、急にお腹が空いて食べたんだけど、そのおいしさったら、もう最高。白いごはんをただ握っただけの塩むすびなのにね。ごはんていうのはさ、そのときの気持ちとかでおいしく感じるってことなのよね。

明日香　わかります。あの産後の達成感って、ほんとに、たまらないですよね。

レミ　アーちゃんのはじめての出産のときは、私も立ち会おうと思って病院に行ったけど、間に合わなかった。でも、産んだあとはほんとにサッパリした顔してたよね。

＊13　その頃の心模様に関心のある方は、レミの子育てエッセイ『ド・レミの子守歌』（中公文庫）をご覧ください。

明日香　あんなにサッパリして気持ちいいこと、ほかにないですよ。

レミ　あのときは、自分の出産を思い出して、「アーちゃん、大変だったね！」って、感極まって声をかけたら、「あー、どうもこんちは！」ってすごく普通でさ、あんな盛り下がり方をしたのははじめてよ。全然へっちゃらなんだもん。ニワトリが卵産むみたいに、ポロッと産んじゃったから、何事もなかったような顔してたよね。

明日香　ほんと失礼ですよね（笑）。たしかに出産はスムーズでしたけど、退院後は大変だったんですよ。はじめての子育てで、心も体もへとへとでした。

レミ　そんなふうには見えなかったけどな。

明日香　1日中、泣きまくる赤ちゃんと1対1で、ずーっと眠いし、吸われ慣れないおっぱいは痛むし。そういえば今日は誰とも話さなかったなぁ、それどころか、家事もなんにもできなかったなぁ、ってうんざりしてるところに、同世代の友だちから「飲みに行かない？」って誘いがきたりして。こっちは行けるわけないじゃないですか。自分と違って、友だちはどこへ行くのも、何をするのも自由気ままに楽しんでるんだなぁって思うと、なんだかもう、全部やんなっちゃって。雨の中、ベランダでボーッと突っ立ってたこともありました（笑）。そこに率さんが帰って来て、ふと我に返ったら、赤ちゃん大泣きしてて。

レミ　あらちょっと、そんなときはうちに来なさいよ！

明日香　いやぁ、レミさんにはずいぶん救われましたよ。赤ちゃん抱えてレミさんちに行くと、私の顔を見るなり冷蔵庫を開けて、「あ！　今日はこれがおいしいよ」って、まるで小料理屋のママみたいにごはんを作ってくれました。

レミ　そんなこともあったっけね〜。

明日香　おうちに行かないときでも、レミさんって不思議で、私がつらいと思ってるときに限って、くだらないことで電話してくるんですよね。誰が誰とデキてるとか、テレビ局で見たあの人がカツラだったとか、「絶対内緒って言われたんだけど、アーちゃんにならいいよね！　アッハッハ！」って。そういうの聞いてると、ジメジメしてるのが馬鹿らしくなってきて、気持ちが楽《らく》になるってことが何回かありました。今はじめて、告白しますけど。

レミ　アーッハッハッハ！　内緒って言われるほど、言いたくなるものよね。これからもおもしろい話、教えてあげるね。

明日香　今はもう大丈夫ですよ（笑）。3人いると立ち止まってる暇なんかないんで、たまにはつらいなってときは、グイッとビール飲んで、明日のためにさっさと寝よう！　って感じ。

レミ　そうか。強くなったね。

受け継がれていく「野菜食べなさい」。

明日香　レミさんから料理を教わるのも嬉しいけど、私が食育の勉強をはじめてからは、栄養の話なんかをレミさんとできるようになったのも嬉しいんです。レミさんが健康体だから、教えてくれることにすごく説得力があるし。

レミ　私、体のためになる話があったら、それ全部アーちゃんに伝えなきゃ、って思ってるから。忘れないうちに、すぐ言いたいの！

明日香　それでたまに、留守電がすごいことになってますけどね。電話のなかで、延々と続く、食べものの話。しかも超早口。それを聞きながら、これはいったい何分続くんだろう？　って思ったことが何度もあります。

レミ　アーハッハッハッ。昔、息子たちも同じこと言ってたわ。

明日香　やっぱり。でも、レミさんの教えはしっかり届いてますよ。

レミ　どしてどして？

明日香　うちの子どもたちに野菜を食べさせたり、ヘンなお菓子は食べちゃダメ！　ってことに関しては、私より率さんのほうがうるさいですからね。

レミ　へー！　そうなんだ！

明日香　率さん、言ってました。実家で暮らした20年間、出かけるとき必ず「野菜食べなさい。ヘンなもの食べちゃダメよ！」って、姿が見えなくなるまで大声で言われたから、洗脳されたって。

レミ　洗脳って失礼しちゃうわ。教育って言って欲しいもんね。「葉っぱ食べなさいよ、葉っぱ葉っぱ！」って、ハッパかけてたの。いずれにせよ、大成功ね！

明日香　ほんとですよ。率さんが子どもたちにしつこく「野菜食べなさい」って言うもんだから、だんだん長女も洗脳されてきて、たまに長男（弟）が野菜を残すと、「コラ！　野菜食べなさい！」って怒ってます。レミさんの子孫はずっとこうして野菜を食べさせ合って生きていくんでしょうね。

レミ　いいわね～。孫の孫くらいまで見届けたいな。

明日香　え、そんなに生きるつもりなんですか。

レミ　何よ！　ダメ!?

明日香　ほんとに生きてそうで恐ろしいです、いろいろ……（笑）。

臨月のお腹に、アンパンマンの絵を描いて公開した嫁。

レミ　それにしても、仕事しながら、3人をいっぺんに育てるのって大変でしょ？　旦那がいないときでも、ひとりで頑張ってやってるんだから。

明日香　まぁ、そういうママはたくさんいますよ。

レミ　そうかもしれないけど、子育てを思いっきり楽しんでる感じもすごくいいと思う。妊娠中もさ、アーちゃんのお腹に率がアンパンマンの絵とかを描いちゃったじゃない。あれ、すごかったね。

明日香　安産マン［*14］ってね。ツイッターで公開したら、反響がすごくて。いろいろなメディアから問い合わせがきました。同時に、批判もあったんですよ。神聖な妊婦のお腹に落書きするなんて何事だ！　って。でも、妊娠したときにパパからも言われた、「今ある現実を最大限に楽しむ」ってことを大切にしたいので。

レミ　うんうん。今を楽しむって気持ち、いいよね〜。

明日香　だから、2人目、3人目のときも、お腹にたくさん絵を描きました（笑）。

***14**　明日香がさいしょの妊娠のときに、率さんが描いた「作品」のひとつ。〈©やなせたかし／フレーベル館・TMS・NTV〉

レミ　あとは、あれなんだっけ？　寝てる子どもを撮影して絵にするやつ。

明日香　「ひとこま絵本」［＊15］です。世の中では「寝相アート」［＊16］っていって、すごいブームになりましたけど。

レミ　ブームの先駆けだったんじゃない？

明日香　そう。テレビで取り上げられたり、カメラ屋さんとお仕事したり。雑誌でも、3年くらい連載させてもらいました。でも、義務になってくると、だんだん飽きてきちゃうんですよね。だから、家でも仕事でも、飽きずに、いつも全力で料理を楽しんでるレミさんは、ほんとにすごいと思います。

レミ　義務だったらこんなに続けられてないわよ。純粋に料理するのが大好きだから頑張れてる。でも頑張れば頑張るほど、みんなはからかうのよね。

＊15　「ひとこま絵本」は率さんが写真を、明日香がスタイリングを担当し、雑誌『カメラ日和』（第一プログレス）に連載されていました。

＊16　赤ちゃんがお昼寝などで寝ているところを、タオルや縫いぐるみなどで、ストーリー性のある構図にし、真上から写真を撮るもの。

「まるごとブロッコリー」は、野菜への敬意をこめた深い料理。

明日香　ブロッコリーが倒れたときの反響はすごかったですね。

レミ　NHKの『あさイチ』［＊17］ね。

明日香　レミさんちで試作してたのを見たときは、まさかあそこまで話題になるとは思ってませんでしたけど。

レミ　あれはね、実は深い料理なのよ。ブロッコリーって料理になるといつもバラバラになって出てくるでしょ。たまにはブロッコリーに敬意を表して、ありのままの姿にしてあげたら、ブロッコリーも喜ぶんじゃないかと思って。そういう思いで、あの「まるごとブロッコリーのたらこソース」［☞66頁］ができた。

明日香　思いは立派ですね。

レミ　で、立たせたところまではいいんだけど、でき上がり！　ってときに、倒れちゃった。生放送だからやり直せないし。そしたらネットで「放送事故」とか言って笑いものにされたの。でも、どうでもいいことじゃない？　立ってるものはいずれ倒れるでしょ。形あるものは壊れるのと一緒。私にとってはなんでもないことよ。「あ、倒れちゃった」でいいと思うんだけど、なんでか、

＊17　2014年10月16日放送の『あさイチ』では、「解決！ゴハン　ブロッコリーでおいしい料理」のコーナーにレミが登場。生放送でした。

みんなの関心を集めちゃってね。

明日香　ヤフーニュースのトップ［＊18］にもなっちゃいましたもんね。

レミ　そうらしいね。だから、知らない人から、「いや〜、倒れましたね」なんて言われて、みんな知っててさ。

明日香　おとうさんも言ってましたもんね。仕事で会う人みんなに、「奥さんが……って言われるんだよ」って。

レミ　そうなの。「奥さんが……倒れちゃった」って。まるで私が倒れたみたいに言うって。でもほんとは、それも間違いじゃないの。

明日香　えっ？　どういうこと？

レミ　次の料理に使う鍋のふたが見つからなくて、セットの中に飾ってあったふたを使っちゃえって手を伸ばしたら、そこらへんに転がってた台につまずいて勢いよく転んじゃったの。履いてた靴が吹っ飛んだくらい、思いっきりね。

明日香　なんかガチャガチャ音がするとは思ったけど、いつものことだから気にしてませんでした……。それは大変でしたね！

レミ　画面上は、ちょうど料理が映ってたからわからなかったんだけど、ブロッコリーも倒れちゃったし、実は私も転んでたのよね。ひどい打撲と捻挫で、その後、病院通いよ。生放送って何が起こるかわかんないわね〜。ま、ここだけの話にしといてね。

＊18　インターネットのポータルサイト『Yahoo! JAPAN』が運営する。1日に2億回近く見られているといわれる、トップ画面に掲載されるニュースは、特に「ニュース価値が高い」と判断されたものだそう。

転んでもただでは起きない、「倒れるレシピ・コンテスト」。

レミ　でも、いまだにわからないのよねー。ブロッコリーがなんであんなに話題になったのか。

明日香　たぶん、みんなブロッコリーが立って驚き、それが倒れて驚き、なのにレミさんは普通にしてて、いろいろ混乱したんですよ（笑）。

レミ　そうかな。立っていようが倒れていようが味は同じ。おいしいことに変わりはないんだから全然悪くないと思うんだけど。ダメ？

明日香　ダメじゃない。多分ね、ブロッコリーを見た人の衝撃は、私がさいしょに、レミさんが香菜を刻んでいるのを見て「料理ってこれでいいんだ！」って思った衝撃と同じなんですよ。みんなレミさんをおもしろがりながらも、「料理って楽しそうじゃん」って、思ってくれたんじゃないかなと。

レミ　うんうん。それなら、私も嬉しいな。

明日香　「remy」で「倒れるレシピ・コンテスト」［＊19］をやったときだって、応募してくれた方から、「料理ってこんなに楽しいものだとは知りませんでした」ってメッセージがいっぱい届きましたもん。

＊19　「remy」で、2014年12月1日〜19日まで公募されていました。金賞に輝いたのは「レアな焼きネギトロ」。長ねぎが一本立ちで、倒れること必至。

レミ　あ〜、あれは楽しかったね〜！

明日香　「転んでもただでは起きないレミ」とかって、またいろいろ話題になりましたけど。ユニークなレシピを応募してくれる人がたくさんいて、逆にこっちが驚かされました。

レミ　いちばん驚いたのはねぎ1本が立ってたやつよ！　金賞に選んだやつ。おっかしかった〜。

明日香　おもしろがりながら、ちゃんとまじめなコメントを返すのがレミさんですよね。「これはちょっとしょうゆを入れたほうがおいしいんじゃない？」とか、「隠し包丁がいるね」とか。倒れる、倒れないじゃなくて、ちゃんと料理として審査してました。そういうところは、レミさん、まじめ。大まじめ。

レミ　そうよ。私はいつだって大まじめ！　それなのに、バラエティ番組からお呼びがかかりっぱなしよ。ヘンな料理やってくれってさ。そういえば、ＣＭもやっちゃったもんね。アーちゃんと一緒に。

明日香　あの、私のふてぶてしい態度がＣＭに……。

レミ　ふてぶてしかった？　そうかな？

明日香　家で率さんに見せたら、「もうちょっとかわいい声でしゃべれないの？ＣＭなんだからもっとかわい子ぶれば？」って言われましたよ。

レミ　アッハッハッハ！　アーちゃん声低いもんね。私が「もしもし〜！　元気〜!?」って電話かけても、「ああレミさん」って、いつも低〜い声でさ（笑）。

明日香　電話でも何でも、無理やりかわいい声出したり、楽しくもないのにニコニコしたりするの、すごく苦手。かわいくなくて結構、って思っちゃって。

レミ　いいのいいの。ありのままでいいの。無理してやってたって疲れるし、ウソやってバレるほうがカッコ悪いじゃない。

明日香　私、よく人から「レミさんって普段からあんな感じなんですか？」って聞かれるんですよ。そのときはいつも、「レミさんほど裏表のない人はいないです」って答えてるんですけど。ほんとにそうですよね。人間も、料理も、ありのままですよね。

レミ　ありのままがいちばん！　「まるごとにんにく焼き」〔65頁〕もそう。「どっか〜ん！　まるごとキャベツ」〔72頁〕もそう。「にんじんまるごと蒸し」〔74頁〕だって「まるごとトマト焼き」〔68頁〕だってそう。ありのまま、まるごと料理してあげると、「ありがとうレミさん〜！」って感じで、おいしくなってくれちゃうの。

明日香　レミさん、よく野菜としゃべってますもんね。キッチンで楽しそうに。

レミ　そうそう。野菜たちがたまに話しかけてくるのよ。

明日香　2歳の息子も、よくごはんと話してますよ。

レミ　何それ？　私、2歳レベルってこと？

完熟トマトを手でつぶし、苦情が殺到。でも、手でつぶすほうが味がいい。

明日香　ところで、ブロッコリーが倒れたときは、苦情こなかったんですか？　昔、手でトマトを握りつぶしたときは、ＮＨＫ［＊20］に苦情が殺到したって。

レミ　そう。完熟トマトを、手でグシャッとつぶしたことで大騒ぎよ。

明日香　「牛トマ」［＊21］を作ったときですよね？　レミさんの実家伝来の。

レミ　私のおとうさん［＊22］が、肉が大好きな人でね。牛トマは、おとうさんの実家でよく出てきたんだって。だから私のおかあさんも、おとうさんに言われて作るようになったの。私もしょっちゅう作るし、アーちゃんも、作ってるでしょ？

明日香　はい。牛肉が安売りしてるときは、必ずと言っていいくらい。子どもたちもよく食べてくれるんです。

レミ　じゃあもう、先祖代々１００年以上続いてる味ね。嬉しいな。天国のおとうさんも喜ぶわよ。レミパン［＊23］だって、「牛トマ」のために作ったようなもんだからね。

＊20　ＮＨＫ『きょうの料理』でのことです。

＊21　ごめんなさい。本書では作り方を紹介しておりません。レミのホームページ「ｒｅｍｙ」(https://remy.jp/) をご覧ください。

＊22　レミの父・平野威馬雄さん（故人、１９００～１９８６年）は、フランス文学者。その父は初代日米協会会長を務めたアメリカ人・ヘンリイ・パイク・ブイさん。

明日香　そうなんですか!?

レミ　そうなの。トマトと牛肉をフライパンの中でジャジャッと手早く混ぜるために、気持ちよく返したいんだけど、普通のフライパンじゃ薄っぺらで、返したときにトマトの汁気が外に出ちゃうでしょ。だから、深型のフライパンってのを考えた。

明日香　そんな歴史があったんだ。

レミ　今度はじめてレミパンをリニューアルするんだけど、この深型形状は絶対変えないの。これで作る「牛トマ」がいちばん！

明日香　牛トマで、ひとつ聞きたいことがあるんです。材料の完熟トマトなんですけど、寒いときは売ってないじゃないですか。固いトマトだと、手でグシャッとつぶせないんです。

レミ　牛トマのポイントはさ、まさにトマトをグシャッてするところで、なんでそうするかって、そうしたほうが包丁で切るより断面がギザギザになって、味がしみ込みやすくなるからなの。でも、アーちゃんが言うように、固くて、色が薄くて、魂が全然入ってないようなトマトしかないときは、グシャッとできないから、トマト缶を使っちゃったほうがいいね。少しだけ生のトマトも入れて、風味を出してさ。

明日香　魂が入ってないってトマト、よく使ってました……。

＊23　2001年に登場したレミ考案の「レミパン」。現在「レミパンⅡ」を開発中。もう一度、発明し直す心づもりで、プロダクトデザイナー・柴田文江さん、製造メーカーの和平フレイズと一緒に2016年春の発売を目指しています。

レミ　でも、肉はペラペラのでいいのよ。ちゃんとペラペラの使ってる?

明日香　大丈夫です、いつもペラペラです（笑）。

レミ　肉は1回さっと熱湯の中にくぐらせて、霜降りにしておくの。そうすると固くならないし、脂が落とせてヘルシーよ。

明日香　なるほど。

レミ　でもアーちゃんたちは若くてギラギラだから、脂っこくても別に平気か。しゃぶしゃぶするのは年寄りだからね。

明日香　また極端だなー（笑）。

まるごとにんにく焼き

**にんにくは株のまま
チンするの。それだけで、
いつもと表情の違うにんにくよ**

にんにく好きにはたまらないおつまみメニュー。ホクホクしたにんにくに、アンチョビーソースをつけると、もう絶品。皮ごとチンすることで、中のにんにくもスルッとはずれるから、皮むきの手間も必要なし。

材料（2人分）

にんにく	1株
オリーブオイル	大さじ1
A オリーブオイル	大さじ1
生クリーム	大さじ1
アンチョビー（みじん切り）	小さじ2

作り方

1 にんにくは株ごと使う。皮はつけたまま、水でぬらしたキッチンペーパーで包み、さらにラップでくるみ、電子レンジ（600W）で約1分加熱し、返してまた1分加熱する。取り出して、横半分に切る。

2 フライパンにオリーブオイルを熱し、1のにんにくを切り口を下にして弱火で焼きつけ、器に盛る。

3 Aを混ぜ合わせてソースを作り、小皿に入れる。2のにんにくをフォークで取り出して、ソースをつけていただく。

レミ流ワンポイント

このソースは、パンや、レンジで加熱したポテト（チンポテト）につけてもおいしいわよ。

まるごとブロッコリーのたらこソース

『あさイチ』生放送で倒れた問題の料理。立っていようが、倒れていようが、味に変わりはありません

ブロッコリーは蕾はもちろん、茎や葉にも栄養があるので、まるごと食べないとね。風邪予防や美肌づくりのためにも、イチオシ野菜よ。ぜひ、作ってね。

材料（4人分）

ブロッコリー		1個
A	水	½カップ
	塩	ふたつまみ
バター（細かく切る）		10g

たらこソース

B	バター	10g
	小麦粉	大さじ1
牛乳		1カップ
たらこ（薄皮をとってしごく）		30g

作り方

1 ブロッコリーは、まるごと耐熱ボウルに立てて入れる。Aの塩水をかけ、バターを散らす。ふんわりラップをかけて、電子レンジ（600W）で約7分加熱する。

2 たらこソースを作る。フライパンでBを弱火で炒め、プツプツしたら火を弱め、牛乳を少しずつ加え、そのつど、ダマにならないようによく混ぜる。最後に強火にし、ひと煮立ちさせて火を止める。仕上げにたらこを加えて混ぜる。

3 器に1のブロッコリーを立てておき、たらこソースをかける。

まるごとトマト焼き

オーブントースターで トマトをまるごと 15分焼くだけ。以上

トマトは、まるごと火を通すと、皮の中でうまみがギュッと濃縮されて、よりおいしくなるの。焦げ目がつくくらい、じっくり焼き上げることがポイントよ。崩しながら食べるとき、オイルとトマトの汁が合わさったスープも残さず食べて。パンにつけて食べてもよし、パスタにのっけたり、ごはんにのせて崩しながらリゾット感覚で食べたりするのもおすすめよ。

材料（2人分）

完熟トマト		大2個
A	ベーコン（みじん切り）	大さじ1
	にんにく（みじん切り）	大さじ1
	オリーブオイル	大さじ3
	塩	小さじ½強
	粗びき黒こしょう	少々
バジル		適量
粉チーズ（好みで）		適量

作り方

1 トマトのヘタを上手にくりぬき、塩少々（分量外）をふり、下向きにして10分ほどおいて水けをきる。

2 ボウルにAを混ぜ合わせ、半量ずつ1のトマトに詰める。

3 耐熱皿に2のトマトを並べ、温めておいたオーブントースターに入れ、約15分加熱し（焦げそうになったらアルミホイルをかぶせる）、トマトが崩れるまで焼く。器に盛り、バジルを飾る。好みで粉チーズをふっても。

レミ流ワンポイント

Aにカレー粉小さじ1を加えると、エスニック風にも。

まるごとカリフラワーの華麗ソース

これは、究極のパーティーメニューよ。ナイフとフォークでめいめい切って食べていくの。最後に倒した人には罰ゲームね

ブロッコリーが立つんだから、当然、カリフラワーも立たせられるでしょ。というわけで、存在感のあるまるごとのカリフラワーに、コクのある「マヨケチャ華麗ソース」をかけてみました。せっかくだから、立っているカリフラワーをみんなで「山崩しゲーム」感覚で順番に、切っては食べる、を楽しんでみては？　倒した人が負けね。

材料（4人分）

カリフラワー（茎つき）		1個
A	水	¼カップ
	オリーブオイル	大さじ1
	塩	小さじ¼

マヨケチャ華麗ソース

B	マヨネーズ	大さじ3
	ケチャップ	大さじ3
	カレー粉	大さじ½
	牛乳	大さじ1
	ハーブソルト（クレイジーソルトなど）	少々
ミニトマト（半分に切る）		適量

作り方

1 カリフラワーは、まるごと耐熱ボウルに立てて入れる。Aの塩水をかけ、ふんわりラップをかけて、電子レンジ（600W）で約5分加熱する。器に立てておく。

2 マヨケチャ華麗ソースを作る。ボウルにBを合わせてよく混ぜる。

3 1のカリフラワーに、2のソースをかけ、ミニトマトを飾る。

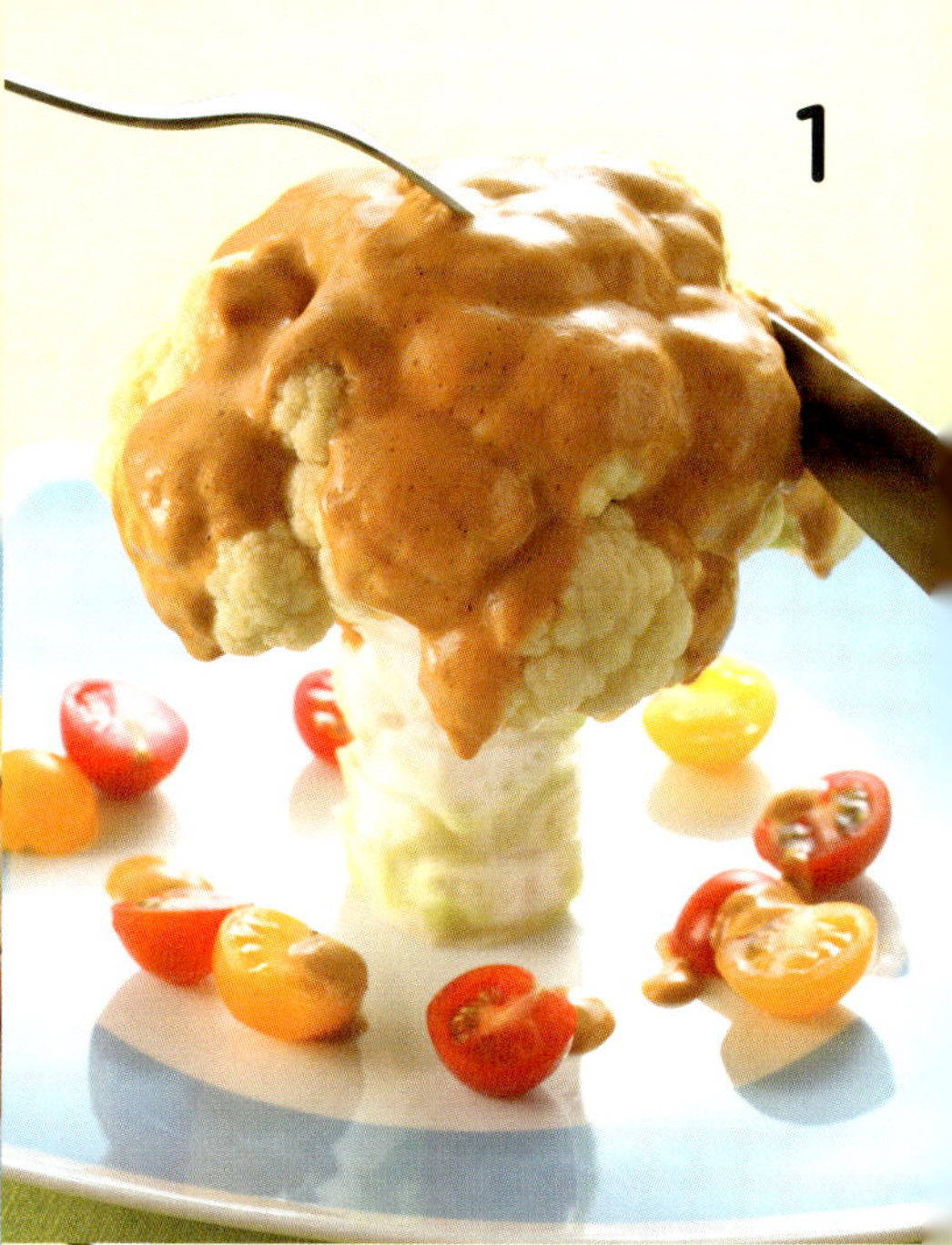
1

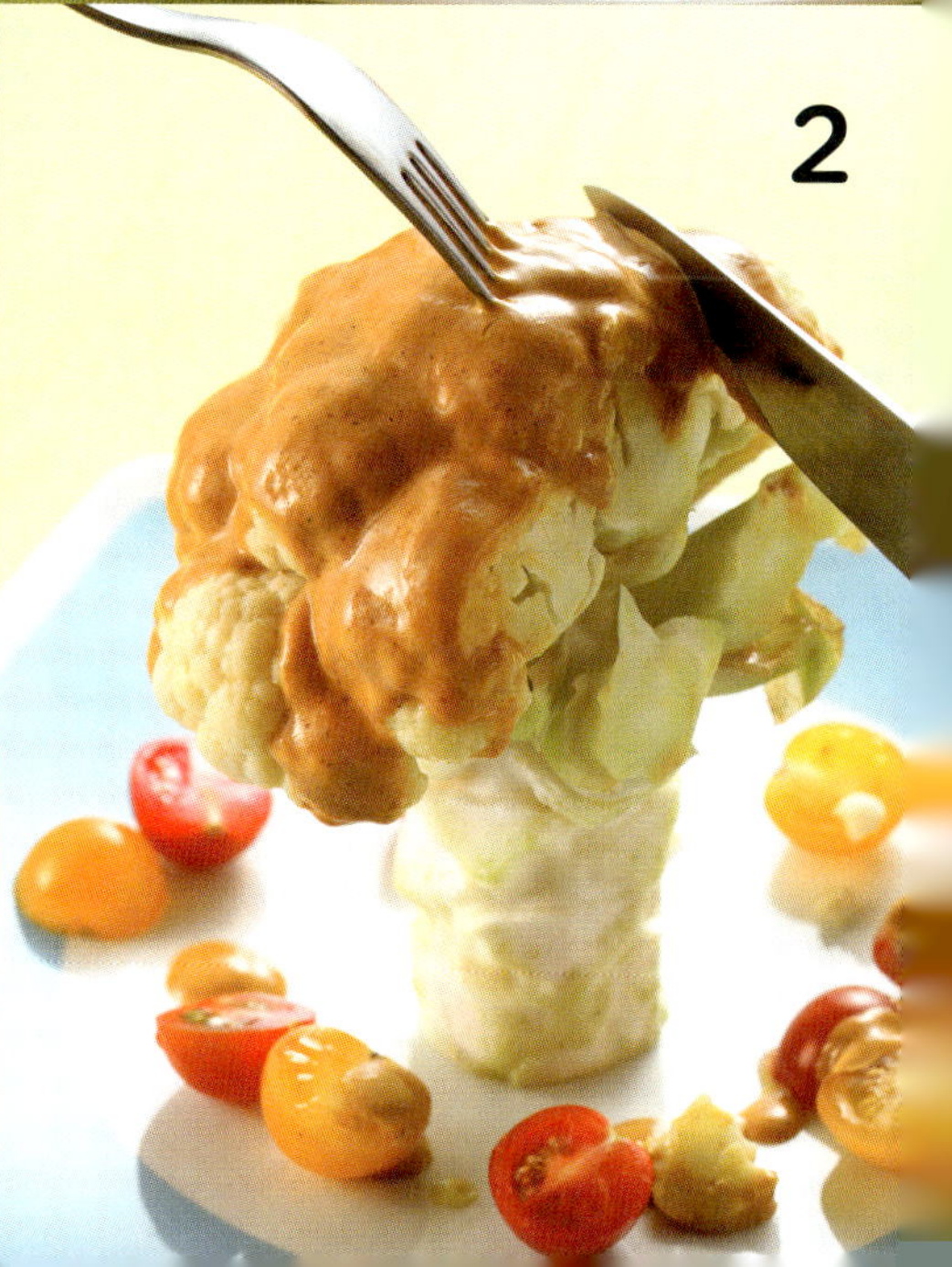
2

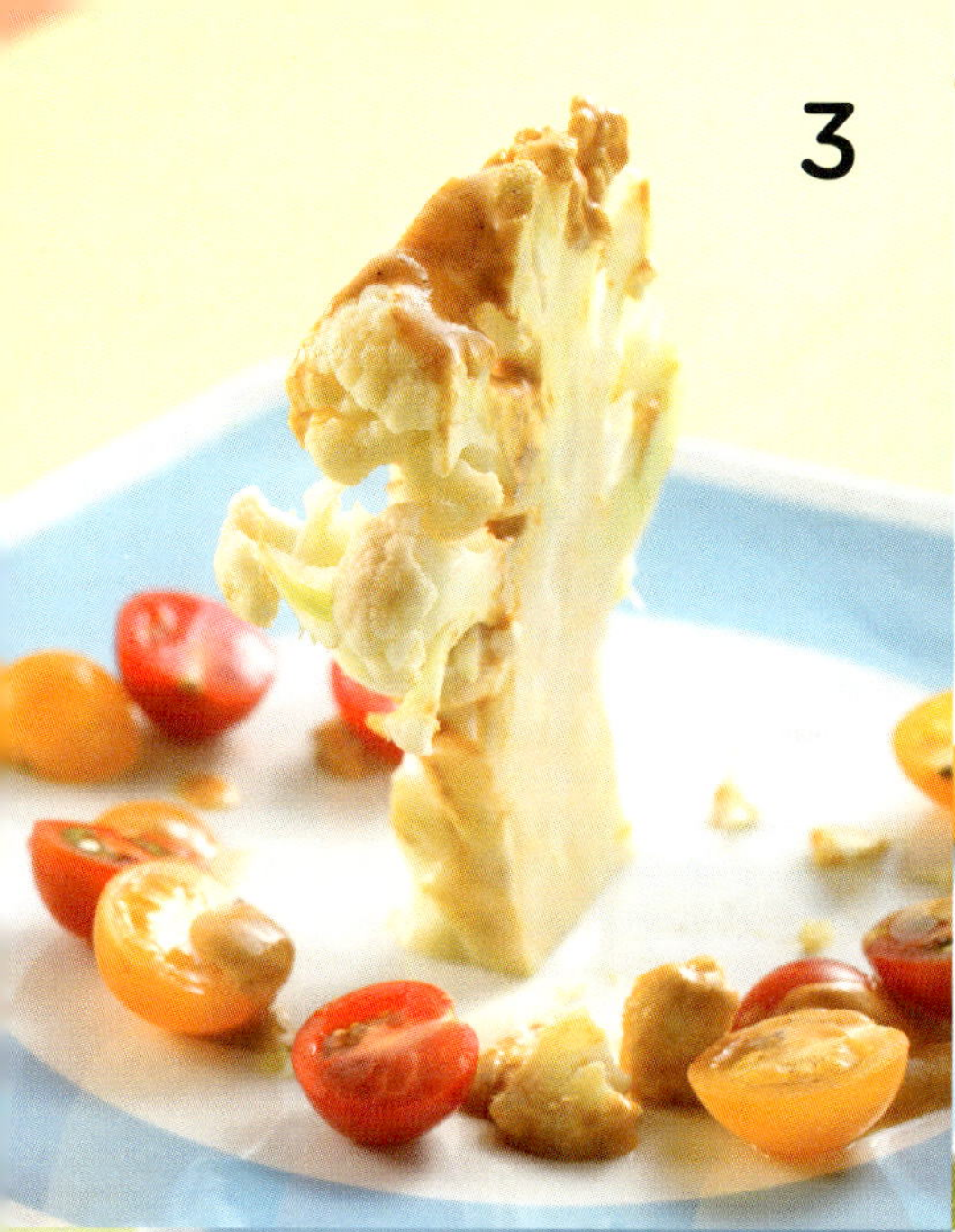
3

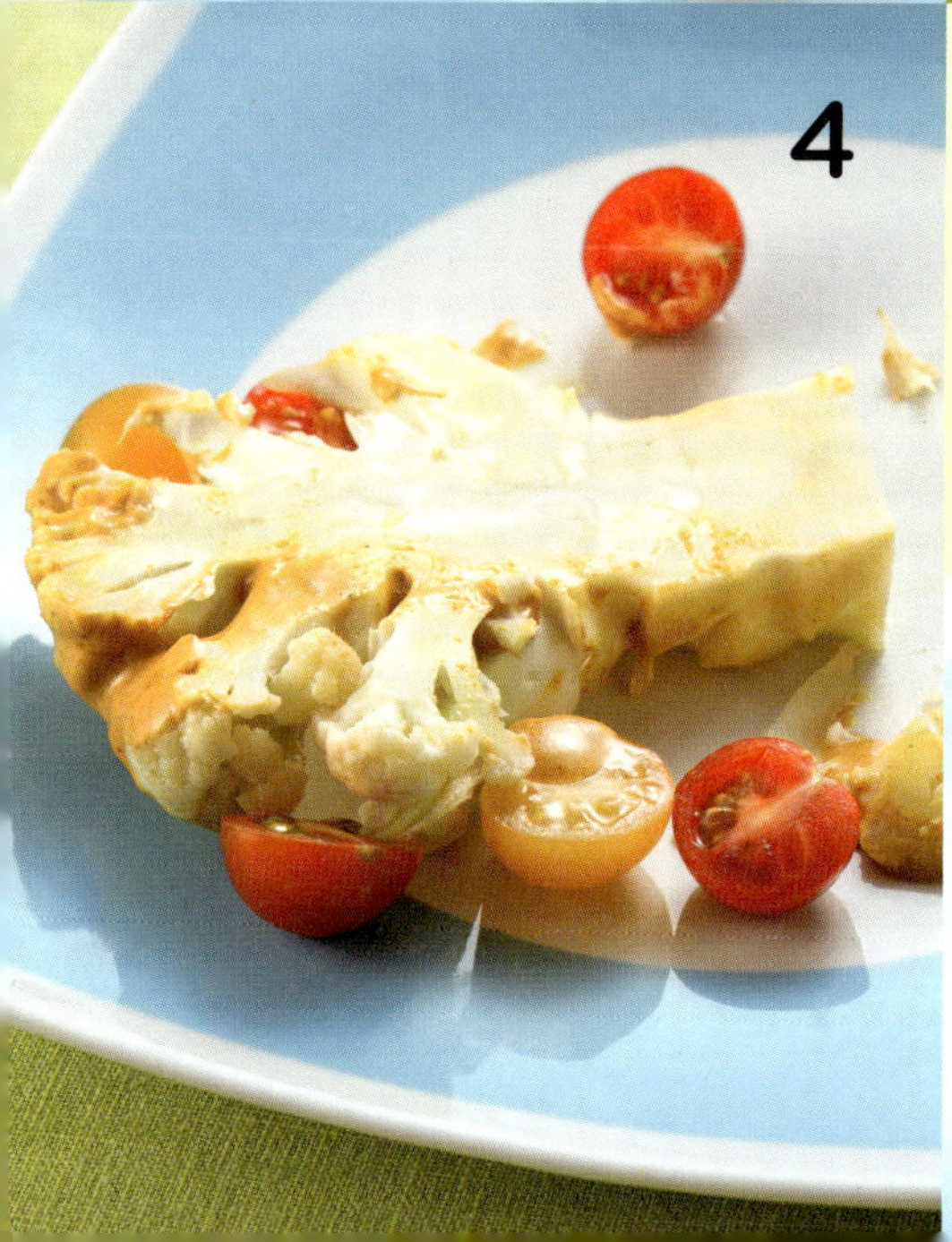
4

どっか〜ん！ まるごとキャベツ

はじめはふたが閉まらなくても、時間がたてば閉まるから、平気よ

レミパンごと食卓に出し、ふたをあけたら、どっか〜ん！ と迫力のまるごとキャベツが登場。おいしいたれとキャベツと豚のうまみが合わさってジューシーで、とまらないおいしさ。春キャベツなら20分、冬キャベツでも40分。レミパンにおまかせでできるから、ラックラク！

材料（キャベツ1個分）

キャベツ		1個
A	オリーブオイル	大さじ3
	みそ	大さじ2
	コチュジャン	大さじ1
	にんにく（たたいて粗く切る）	大2片
豚肩ロースしゃぶしゃぶ用肉		300g
塩		小さじ¼
B	水	1と½カップ
	酒	½カップ

作り方

1 キャベツは芯をくりぬき、上部を8等分に深く切り込みを入れ、味をしみ込みやすくする。

2 ボウルにAをよく混ぜ、キャベツの切り込み部分に均等にぬっていく。葉を上にしてキャベツを鍋に入れる。

3 豚肉に塩をふり、2のキャベツのまわりに散らす。Bを加えてふたをしてさいしょは強火で煮立ったら中火にし、火を通す。

レミ流ワンポイント

春キャベツならやわらかいので、豚肉に火が通ればOK。

にんじんまるごと蒸し

ただ蒸しただけじゃないからね。そのあとでソテーするからおいしいの。大皿に盛って、切りながら食べます

にんじんは、堂々と主役をはれる野菜なの。野菜は皮と身の間にいちばん栄養が詰まっています。にんじんのおいしさをまるごと、ありのままの姿でいただきましょう。鍋でじっくり蒸し煮にして、中までやわらかく火を通したら、表面をこんがりソテーする2ステップで、世にもおいしいまるごとにんじんのごちそう。うやうやしく、ナイフとフォークでいただきます。

材料（4人分）

	にんじん（皮つき）	150gくらいのもの2本
A	水	1カップ
	オリーブオイル	大さじ1
	塩	小さじ½
	バター	20g
	イタリアンパセリ（あれば）	適量
	粗びき黒こしょう	少々

ソース

くるみ（細かく刻んで、煎る）	40g
牛乳	大さじ4
マヨネーズ	大さじ2
オリーブオイル	大さじ1
ハーブソルト（クレイジーソルトなど）	小さじ¼
こしょう	少々
クミン（あれば）	小さじ1

作り方

1 にんじんとAを鍋に入れ、ふたをし、弱火で30〜40分蒸し煮にし、やわらかくする。

2 フライパンにバターを熱し、1のにんじんを中火でこんがりソテーし、器に盛る。あればイタリアンパセリをにんじんの葉のように飾り、粗びき黒こしょうをふる。

3 ボウルにソースの材料を入れ、よく混ぜ合わせる。2にかけていただく。

かぼちゃをまるごと器にして、崩して、混ぜながら食べちゃうの

まるごとかぼちゃカレー

材料（4人分）

かぼちゃ	中1個
サラダ油	大さじ1
にんにく（みじん切り）	大さじ1
カレー粉	大さじ2
A えび（殻と背ワタを除く）	300g
鶏がらスープ	1カップ
ココナッツミルク	1カップ
塩	少々
香菜	適量
生クリーム（好みで）	適量

作り方

1 かぼちゃはラップで全体を包み、電子レンジ（600W）で12〜15分ほど加熱し、やわらかくする。レンジから取り出したら、上部を横に切り、この部分をふたにする。

2 1のかぼちゃの中の種とワタをスプーンでかき出す。皮から1.5cmほど実を残して、スプーンで中身をかき出す。

3 鍋にサラダ油とにんにくを入れて弱火で熱し、少し火が通ってきたらカレー粉を加え、中火で炒める。

4 3にAと、2でかき出したかぼちゃの中身を加えて火を強め、煮立ったら弱火にし、さらに5分ほど煮て、塩で味を調える。

5 2で中身をかき出したかぼちゃを器にし、4を入れ、ココナッツミルク少々（分量外）をまわしかけ、香菜を飾る。好みで、生クリームをかけても。

レミ流ワンポイント

器にしたかぼちゃは、下に受け皿を置いておき、カレーが少なくなってきたら、器のかぼちゃの皮も切って食べましょう。

まるごと玉ねぎのそぼろあん

玉ねぎだって、まるごと使えば主役になれます

あんがからみやすいように、玉ねぎに切り込みを入れて、弱火でコトコト煮るの。玉ねぎは生だとピリッと辛みがあるけれど、火を通すと甘くなって人格が変わるところがおもしろいの。春にはぜひ、新玉ねぎで。

材料（2人分）

	玉ねぎ	2個
A	鶏がらスープ	3〜4カップ
	塩	小さじ1
B	鶏ひき肉	200g
	しょうが（薄切り）	1かけ
	しょうゆ	大さじ2
	砂糖	大さじ1と½
	酒	大さじ1と½
	塩、ごま油	各少々
	水溶き片栗粉	片栗粉、水を各大さじ1で溶く
	万能ねぎ（先の部分）	4本

作り方

1 玉ねぎは皮をむき、根元は切り取らずに、ひげ根だけを除く。丸のまま、6〜8等分に包丁で切り込みを入れる。

2 鍋に玉ねぎとAを入れ、ふたをしてやわらかくなるまで中火で15分煮る。

3 小鍋に2のスープ1と½カップを取り分け、Bを加えて混ぜ、弱火で煮る。味がなじんできたら、塩、ごま油で味を調え、水溶き片栗粉を加えてとろみをつける。

4 2の玉ねぎを取り出して器に盛る。3をかけて、万能ねぎを飾る。

3

だしを
知らない嫁に
伝えた
だしの基本と
レミ流
常備調味料。

だしの取り方どころか、だしの存在自体、知らなかった嫁。

レミ　アーちゃん、なかなか私に料理を食べさせてくれないね。嫁いで5年もたつのに。

明日香　無理です無理です。絶対無理です。

レミ　そう言って、いつも「食べさせられませんよ」「食べさせられるわけがないじゃないですか！」って、堂々と威張って言うのよね。

明日香　嫁が作ったものを義理の母に食べさせるって、ただでさえハードル高いのに、私の場合、相手がレミさんですよ！　無理無理無理。レミさんのごはん食べてるほうがおいしいし。

レミ　それじゃあいつまでたっても、私が楽できないじゃないの！

明日香　楽しようと思ってたんですか？　ダメですよ、回遊魚が止まると死んじゃうみたいに、キッチンに立ってないとレミさんはレミさんじゃなくなっちゃう。

レミ　うまいこと言ってまた逃げたわね？

明日香　だって私、まだ料理歴5年。レミさんの100分の1くらいですよ。

レミ　結婚する前に、料理のお手伝いくらいはしてたでしょ?

明日香　言われればやってましたけど、料理そっちのけで母とおしゃべりしてた気がします。

レミ　私が小さいとき、はじめてのお手伝いでかつお節を削ったっけなぁ。削り方によって微妙にだしの味が変わるから、大事なお手伝いだったのよ。

明日香　それにくらべて私は、だしの取り方を知らないどころか、「だし」というものがこの世にあることを、結婚して料理をするようになって、はじめて知りました。

レミ　アッハッハッハ！　ひどいもんよねぇ。

明日香　ラーメン屋さんに行くと、「鶏だし」とか「魚介だし」とかって言葉が書いてあるじゃないですか。だから、「だし」という言葉自体は知ってましたけど、それがいったいなんなのかは、さっぱり。

レミ　料理の本に、「だし汁」って書いてあるじゃない。どうしてたの?

明日香　そもそも料理の本を見たことがありませんでした。結婚してはじめてレミさんのレシピ本を読んだんですけど、そこに「濃いめのかつおだし」って書いてあって困っちゃったんです。かつおと言われても「かつおのたたき?」「たたきを汁にするのか?」って、大混乱。

レミ　かつおで連想するのは、たたきだったのね。

明日香　はい（笑）。さすがに恥ずかしくて誰にも聞けないから、インターネットで調べたんです。それでスーパーに「かつお」を買いに行ったら、ものすごくでっかいふわふわの「花かつお」［＊24］に出会いました。それまでは、あの細かい削り節（パック）しか知らなかったので、びっくりですよ。

レミ　え？　じゃあ、あのでっかい削り節、ふわふわの花かつおを見て、いったいなんだと思った⁉

明日香　あれは業務用に大きく加工されたものに違いない、って思ってました。

レミ　じゃあ、かつおをいぶして水分を抜いて、カチカチ［＊25］にしたものを薄く削ったものだってことも知らなかったのね。

明日香　知ってるわけないじゃないですか。魚の風味がする得体の知れない物体？　そんな感じの認識のまま……。

レミ　結婚しちゃったんだ。

明日香　はい。

＊24　かつお荒節を薄く削ったもの。いわゆるかつお節（本節）を削ったものではなく、カビづけ前の状態のかつお節である荒節を使っています。

＊25　この状態こそが、荒節です。かつお荒節（カチカチ状態）にカビづけを行い、熟成させたものがかつお本節（カチカチ状態）。いわゆるかつお節とはこの状態のもの。

レミパンいっぱいの湯に、かつお削り節1袋全部を使う。

明日香　はじめてでっかい花かつおを見たときは、「なんでも大きくすりゃいいと思って」と、堂々と批判してました。

レミ　アハハハハ。たいしたもんだ。

明日香　でもスーパーでは、だしを取るための削り節として、花かつおしか売ってなかったので、とりあえずそれを買ってみたんです。そしたら、袋の裏に「だしの取り方」［＊26］が書いてあるじゃないですか。そのとおりにやってみたら、実家で食べてた煮ものやそうめんのつゆの味は、だしの味だったのか！と気がつくわけです。私の母は関西出身なので、味つけは薄めの、かつおだしがベースでした。

レミ　かつおだしの正体がわかった瞬間ね！

明日香　はい。それからは、昆布や干ししいたけでもだしが取れるとか、だしの種類が違うと煮ものやみそ汁の味も俄然変わるとか、いろんなことがわかってきて、どんどん料理がおもしろくなりました。だしの常識を知って、だしを取ることにもすっかり慣れた頃、レミさんちに来て、また新たな衝撃を受けた

＊26　削り節の袋の裏面には、たとえば、「沸騰した湯1ℓに、削り節30gを入れ、そのまま30秒ほど加熱し、火を止める。削り節が底に沈むのを待ち、布でこす」「ひとつかみを加える」などとあり、長時間煮出したり、こした削り節をしぼったりすると、だしが濁り、風味をそこなうとされます。

んです。

レミ　何々？

明日香　レミパンにたっぷりのお湯［＊27］がグツグツ沸いてて、そこにレミさんは花かつおの大きな袋を開けて、1袋全部、バッサバサと入れてました。袋の裏の説明に書いてあった〝ひとつかみ〟じゃないんですよ。これは何かの間違いだと思いました。

レミ　しっかりおだしを取るなら、それくらい必要よ。最近は気の抜けたような花かつおが多いからね。

明日香　気の抜けた花かつお……。レミさんらしいですね。

レミ　だしの取り方のコツもあるのよ。花かつおを湯に入れるとフワフワフワ〜って広がって、グツグツブワーって踊り出すから、「静かに静かに静かに！」って、上から押さえつけるのよ。

明日香　だしを取るっていうより、削り節を煮てるって感じでしたね。

レミ　ほんとは煮ちゃダメなんだけどね。アクやえぐみや渋みなんかの、雑味が出ちゃうから。火を止めてから削り節を入れるのが、正しいやり方。

＊27　通常サイズのレミパン（24㎝）の容量は3ℓです。

だしを取ったあとの削り節は
ぎゅうぎゅうしぼるのが、私のやり方。

明日香　レミさんは、こしてざるに残った削り節も、ぎゅうぎゅうしぼるじゃないですか。

レミ　だってもったいないでしょ!?　ぎゅうってしぼったら、さらに1カップくらいはだしが取れるんだから！

明日香　たしかに。それに、しぼった分は特に濃いだしが出ますよね。

レミ　ほんとはしぼっちゃいけないってのは、知ってるわよ。濁ったり、雑味が出たりしちゃうからね。でもうちは料亭じゃないんだから、濁ろうが関係ないじゃないさ！　それに、お吸い物飲んで「これは雑味がある」なんて言う人、普通の家にいないでしょ。そんなこと言う人がいたら、「黙ってかつおだしの栄養をありがたくいただきなさい！」って言ってやりたいね！

明日香　怒らないでくださいよ。少なくとも私はレミさんのやり方に1票ですよ。1票どころか、大賛成。

レミ　そうよね！　そうじゃなきゃシュフはやってらんないでしょ！　あ、大事なこと忘れてた。だしを取ったあとの削り節、あれは捨てちゃダメだからね。

あれは乾煎りしてさ、しょうゆとみりんで味つけしてごまをふると、最高のふりかけになるから。無駄がないどころか、もとは「だしのかす」よ！　それがおいしく食べられたらラッキーじゃない！「寿を加える」って思えるから、かすじゃなくて「加寿《かす》」って呼びたいね。

明日香　ちょっとわかりにくいですけど、そのとおりですね（笑）。

レミ　そういえば、私が結婚したとき、かつお節削り器を嫁入り道具として持って来たの。カンナみたいなやつ。和田さんちにはな～んでもあったから、持って来たのは削り器と三面鏡だけ。

明日香　かつお節削り器は見たことないなあ。

レミ　かつお節を削るのは案外力がいるのよ。カッカッカッカッカッカッて。それで薄いかつお節のひらひらがいっぱいできると嬉しいんだ～。子どもの頃、母の削るそのカッカッカッカッて音が、目覚まし時計のかわりだったの。どこのうちでも、朝はおみそ汁作るのにみ～んなやってたのよね。

明日香　なんかいいですね。そういう光景。

レミ　もうひとつ思い出した！　私のおかあさんが子どもを産んだとき、珍しくおとうさんが台所に立って、かつお節を削ったんだって。でもおとうさん、かつお節と似た形をした木をかつお節と間違っちゃって、木を一生懸命削ってたんだって。

おかあさんが噛んでみて「おとうさん、木ですよ、コレ」って（笑）。それはもう笑った。

明日香　アハハハ。素敵なエピソードですね。

レミ　そういえばさぁ、私がかつお節を使っていろんな料理を作るもんだから、かつお節の組合から「かつおぶし大賞」［＊28］をもらったこともあった。

明日香　かつおぶし大賞！　レミさんらしい賞ですね！　たしかにレミさんちのかつお節の消費量、お蕎麦屋さんくらいありそうだもんな。

レミ　うちはね、一度に大量のだしを取って、ストックしておくの。冷蔵庫で保存するのがいちばんいいんだけど、粗熱がとれるのを待って冷蔵庫に入れるのは面倒だから、そのままにして寝ちゃうこともある。でも暑い季節だと、朝にはもうダメになってる。

明日香　じゃあ、夏は1回1回だしを取らなきゃいけないってことですね。

レミ　そうなのよね〜。面倒でしょ。でもね、だしだけは、面倒でもスキップさせられないの。料理のベースだからね。

＊28　1993年、東京鰹節類卸商業協同組合より、「鰹節食文化大賞」を受賞。

たちまちレミ味になる「わたしの和だし」。

レミ　そんなわけで、もっと簡単においしいだしが取れないかなって、いつも考えてた。

明日香　最近は、便利なだしパックがいろいろありますけどね。

レミ　そうなの。最近のおかあさんはどんなのを使ってるんだろう？　って思って、スーパーに置いてあるやつを片っ端から試したり、仕事で地方に行ったときに、地元で売ってるやつを試したりしてた。

明日香　そうなんだ……。

レミ　なかには、これならいいかなってのもあったんだけど、もっとおいしくしたいって思っちゃったのね。思っちゃったら、大変よ。作るしかないじゃない。

明日香　それで作ることになったんですね。「わたしの和だし」［＊29］。

レミ　そう。メーカーさんに協力してもらってね。でも、なかなか思いどおりの味にならなくて。それであるとき、ひらめいちゃったのよね。「かつおだしに、野菜だしを混ぜてみよう！」って。

＊29　レミが考案した万能だしパック。魚介だしと野菜だしをひとつにしたもので、和食から洋食まで、幅広い料理に活用できます。「ｒｅｍｙ」ホームページ（https://remy.jp/）で好評発売中。

明日香　メーカーさん、驚いてましたね。そんなのやったことないって。

レミ　でも、おいしいもの同士を上手に組み合わせたら、絶対おいしくなるのよ。一流のシェフだって、野菜のスープを作るときに、味のベースに魚介のだしを使うこともあるでしょ。だから、それからまた半年くらい試作を繰り返して、やっと納得のいくおいしいだしができたのよね。カレーにもパスタにも、なんにでも使えちゃう。

明日香　「大江戸カレー」［☞108頁］はうちの定番カレーになってます。子どもたちもすごくよく食べるし。

レミ　あれは毎日だって食べたい味よね～。たまにクミン入れたりね。だし巻き卵も絶品でしょ。私は巻くのが面倒だから、「食べれば料亭風だし巻かず卵」［☞110頁］でやっちゃう。あとは「和だし」の袋を破って、中の粉を餃子のタネに加えるの。すると、ものすごくおいしくなる！　使いみちも広いのよ。

明日香　私はグラタンにもお好み焼きの生地にも使ってます。

レミ　やるじゃん！　なんか宣伝っぽくなっちゃったけどさ、忙しいシェフにこそ、楽しておいしいごはん作ってもらいたいじゃない。私なりの応援の気持ちをこめて、作っただしなのよ。

明日香　そういえば、この前84歳のおばあちゃんからも問い合わせがあったそうですよ。お子さんからプレゼントされて、おいしかったから、自分でも買いたいって。パソコンで買えずに困って、電話をくださったんです。

レミ　ほんとに？　嬉しいね〜。あーっ！　そうだアーちゃん‼

明日香　びっくりした。なんですか。

レミ　この本出るときにさ、だしパック1個ずつくっつけてもらおうよ！

明日香　えっ……⁉　本がだし臭くなりますよ。

レミ　ダメかな。やっぱり。

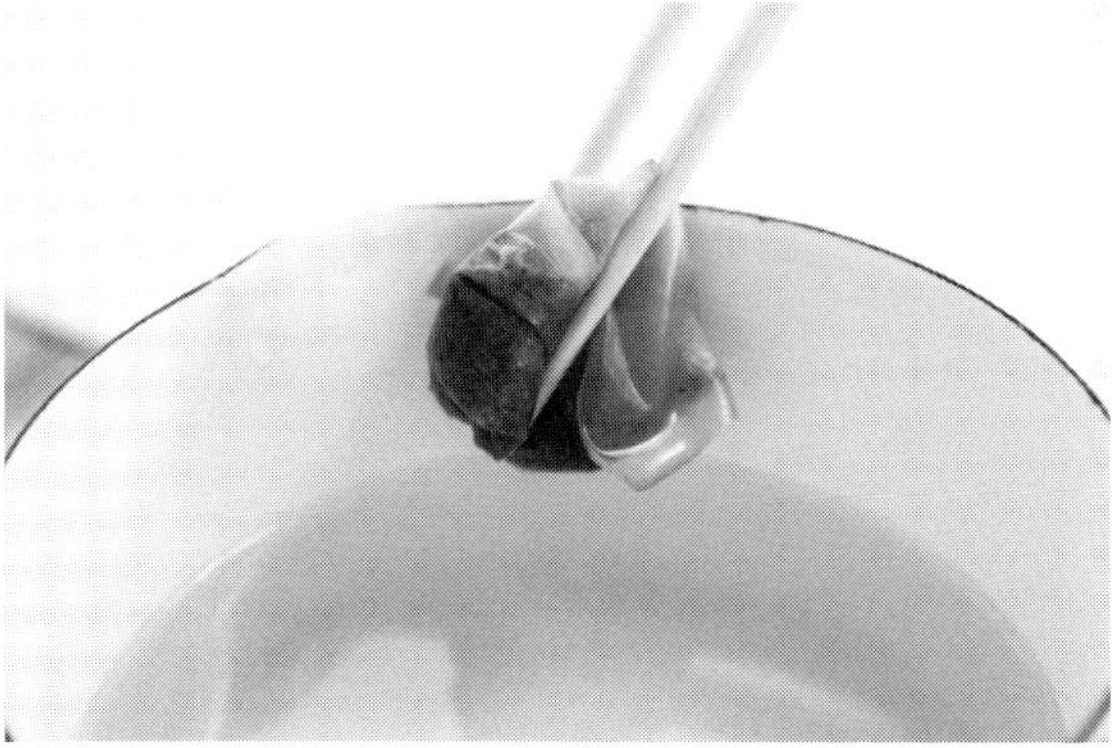

冷蔵庫には、レミだれ、レミ醤《ジャン》、肉みそなど、手製の味を常備。

明日香　レミさん、めんつゆとか、ステーキのたれとか、調味料なんかもだいたい自分で作っちゃいますよね。

レミ　私、忙しいからさ、常備品をたくさん作っておくの。今でこそ、瓶詰や缶詰でいろんな常備菜が出てるけど、やっぱり手作りが安心だし、おいしいでしょ。わざわざ手作りするんだから、こだわりをいっぱい詰めてる。

明日香　さっきの、「レミだれ」［☞97頁］は、しょうゆを2種類使うんですよね？

レミ　「レミだれ」は母から引き継いだ味なんだけど、母は濃口しょうゆだけを使ってたのね。私はなんでしょうゆを2種類使ったかって言うとさ、薄口しょうゆは野菜の淡白な味に合うように、濃口しょうゆは肉や魚に合うようにって考えたの。だからどんな料理にも使えるのよ。水で割ってめんや天ぷらのつゆにしたり、ごま油と酢を足せば和風ドレッシングもできるし、きんぴらの味つけにも最高！　これがない人生なんて考えらんないってくらいよ。

明日香　自分の名前をつけちゃうくらいですもんね。

レミ　あと絶対に欠かせないのは、にんにくじょうゆね。うちにあるやつは継ぎ足し継ぎ足しで作ってるから、もう、うまみいっぱいでとろとろになってる。それから、独身のとき香港で食べたXO醤が忘れられなくて、実験を繰り返して再現したのが「レミ醤」［☞100頁］。

明日香　それ、率さんが大好きで、よく自分で作ってます。あと、レミさんに教えてもらったっていう「肉みそ」［☞106頁］も、週末になると必ず作ってくれるんですよ。それを私が、平日のごはんにちょこちょこアレンジして使ってます。すっごく助かってる。

レミ　いい夫婦じゃない！　じゃあ今度は「マッシュペースト」［☞102頁］作ってもらえば。ちょっとずつ難易度を上げてってさ、ゆくゆくは率が半分くらいごはん作ってくれるようになったらいいね。

明日香　お休みの日はだいたい率さんが作ってくれるから、半分とはいかないまでも、4分の1くらいは作ってくれてますね。私が作らないような、手間も時間もかかるものも作ってくれるんですよ。ただ、台所はグチャグチャだけど。

レミ　グチャグチャか〜、さすが私の息子ね（笑）。私も食べてみたいな、息子のごはん。その前にまずはアーちゃんのごはん、食べなくちゃいけないけど。

明日香　うわ、出た。

レミ　「うわ」って何よ！　いいじゃない、「和だし」があって、「レミだれ」

があって、それでごはん作ったら、うちの味と同じなんだから！　でも、それじゃあ作ってもらうこともないか（笑）。

明日香　どっちにしても、レミさんがごはん作れなくなるくらい寝込んだり、死にそうになったりしたら、頑張りますよ。病院のごはんよりはおいしいもの作れそうだから。

レミ　アーッハッハッハ！　それは楽しみだ！

レミだれ

私の実家のおかあさんから引き継いだ味をさらに工夫した万能だれ

私の母の味を引き継いだ万能だれ。煮ものの煮汁やめんつゆなど、いろんなシーンで活躍します。肉や魚料理には、濃口しょうゆが、淡白な野菜には薄口しょうゆが合うので、ふたつのしょうゆを合わせました。どんな和風料理にも使え、味もピッタリ決まっちゃうたれです。おいしいしょうゆだと思って使ってみてね。冷蔵庫にストックしておくと便利よ。

材料（作りやすい分量）

A	濃口しょうゆ	1カップ
	薄口しょうゆ	1カップ
	みりん	1カップ
削り節		50g
B	干ししいたけ	2枚
	昆布（10cm角）	1枚

作り方

1 鍋にAを入れ、中火にかける。ひと煮立ちさせたら削り節を加え、2〜3分煮立たせて火を止める。

2 1が冷めたら、削り節をざるなどでこし、きつくしぼる（このだしがらは、乾煎りすると、おいしいふりかけになる）。

3 保存容器に2のたれとBを入れ、最低二晩はおく。たくさん作っておくと便利。

レミだれでごぼうのいり煮

レミだれだから、コクうまアップ。
仕上げの削り節で味に深みが増すの

材料（4人分）

ごぼう（太めのささがき）	300g
にんじん（太めのささがき）	100g
しらたき（食べやすい長さに切る）	1袋
いんげん	4本
ごま油	大さじ3
赤唐辛子（種を除き、小口切り）	1本
レミだれ	大さじ4～5
削り節	1袋（5g）

作り方

1 しらたきは水からゆで、水きりをする。いんげんはななめ半分に切り、ゆでる。

2 鍋にごま油と赤唐辛子を熱し、ごぼう、にんじんを加え、中火でしっかり炒め、しらたきと水1カップ（分量外）を加え、ふたをして煮る。

3 2がやわらかくなったら、レミだれを加え、よくからませたのち、弱火で味をふくませる。

4 水けがなくなってきたら、いんげんを入れ火を止め、仕上げに削り節を加え、ざっくりと混ぜ、器に盛る。

レミだれで たけのこ簡単 混ぜごはん

炒めた具にたれを加えて
温かいごはんに混ぜ込むだけ

材料（4人分）

ゆでたけのこ		150g
豚バラ薄切り肉		200g
しょうが（せん切り）		12g
A	レミだれ	大さじ2
	酒	大さじ2
	砂糖	小さじ2
	オイスターソース	大さじ½
ごま油		小さじ2
ごはん（温かいもの）		茶碗2〜3杯分（600g）
三つ葉（細かく刻む）		1〜2束
七味唐辛子（好みで）		適量

作り方

1　ゆでたけのこは1cm角に切り、穂先は食べやすい大きさに切る。豚肉は1cm幅に切る。

2　フライパンにごま油を熱し、弱めの中火でしょうがを炒める。豚肉を加え、カリカリになるまで炒める。

3　2にたけのこを加えて混ぜ、Aを加える。2〜3分煮てしっかり味をつけ、火を止める。

4　3にごはんと三つ葉を加えて混ぜ込む。器に盛り、好みで七味唐辛子をふる。

「レミだれ」活躍ポイント

冷ややっこなどには、そのままおいしいかけじょうゆとして使う。そばや、うどん、そうめんのつゆには、少し水で割って。だしを取らなくても、簡単お吸いものにも。きんぴらの味つけにはそのままで。煮魚の味つけにも。

缶詰のほたてで作る、ピリ辛調味料

ピリ辛味だから、何にかけてもおいしいの。また、チャーハン、焼きそば、オムレツ、春巻き、お好み焼きに混ぜたり、いろいろ使いみちがいっぱい。

材料（作りやすい分量）

	ほたて缶	大1缶（180g）
A	ごま油	大さじ6
	サラダ油	大さじ6
B	干ししいたけ	中4枚
	長ねぎ（みじん切り）	1本
	にんにく（みじん切り）	大さじ2
	豆板醤	大さじ1
	赤唐辛子（種をとり、小口切り）	2本
	塩	小さじ½
	こしょう	少々

作り方

1 干ししいたけは水でもどし、水けをしぼってからみじん切りにする。

2 フライパンにAを入れて火にかけ、油が熱くなったらBを加え、中火で3〜4分炒める。

3 2のフライパンに、ほぐしたほたてを缶汁ごと加え混ぜ、ふたをして弱火で5〜6分煮る。全体に味がなじんだら、塩、こしょうで味を調える。

レミ流ワンポイント

干ししいたけ、長ねぎ、にんにくをみじん切りする際は、できるだけ細かく均一に刻んでね。

レミ醤《ジャン》

栄養満点のワンプレートディッシュ

レミ醤ごはん

材料と作り方（1人分）

1　器にサンチュ1枚を敷いて、温かいごはんを茶碗1杯分盛る。

2　ごはんにゆで卵（半熟）½個をのせ、レミ醤を好きなだけかける。

ワンランク上のおつまみに

レミ醤やっこ

材料と作り方（1人分）

1　豆腐¼丁を器に盛る。

2　レミ醤をたっぷりのせて、小口切りにした万能ねぎ適量を散らす。

マッシュペースト

鶏肉も入った万能ペースト たっぷりパセリで風味もよし！

葉野菜と一緒にサンドすれば、超うまランチに。こんがり炒めた鶏肉とマッシュルームに、パセリ1束分をどっさり加えてフードプロセッサーにかけ、香りを引き立たせることがポイントよ。

材料(作りやすい分量)

	鶏もも肉	1枚(200g)
	マッシュルーム	200g
A	にんにく(みじん切り)	大さじ1と½
	赤唐辛子(種ごとちぎる)	1本
	オリーブオイル	1カップ
B	塩	小さじ1と½
	パセリ	1束分(30g)
	粗びき黒こしょう	小さじ1

作り方

1 鶏肉は粗く刻む。マッシュルームは石づきを除き、粗く刻む。

2 フライパンにAを入れて炒め、香りが出たら鶏肉を加え、中火で炒める。マッシュルームを加え、さらにしっかり炒める。

3 フードプロセッサーに2とBを入れ、なめらかになるまで攪拌し、ペースト状にする。すぐ食べられるが、1〜2時間おくと味がなじんでくる。

パーティーや
おもてなしに大人気

マッシュペーストカナッペ

材料と作り方（2人分）

薄く切ったフランスパン4枚にマッシュペーストをたっぷりぬり、皿にのせ、ミニトマト、イタリアンパセリ各適量を添える。

卵との相性は抜群!!
パンにも、ごはんにも合います

マッシュペーストオムレツ

材料と作り方（2人分）

1 ボウルに溶き卵2個分とマッシュペースト大さじ1、塩ひとつまみを合わせる。

2 フライパンにサラダ油を熱し、1を入れ、オムレツを作る。器に盛り、マッシュペースト適量をかけ、ラディッシュ2個を添える。

レミ流バーニャ

ペースト状のバーニャカウダ風

レミ流バーニャは、定番のアンチョビーではなく、かつおの内臓の塩辛・酒盗を使ったところがミソ。塩加減がいろいろある酒盗のなかでも、塩分がきいているものをチョイスして。サラダに、パンに、パスタソースに、使い方はいろいろ。ひとさじ加えるだけで、味が決まります。

材料(作りやすい分量)

A	にんにく(超薄切り)	1株(50g)
	水	½カップ
	牛乳	½カップ
B	酒盗	大さじ1と½ほど
	生クリーム	¼カップ
	オリーブオイル	½カップ

作り方

1 小鍋にAを入れ、5分煮たらゆでこぼして水でにんにくを洗い、水きりする。ざるでこしてペースト状にする。

2 1のペーストとBを鍋に入れて弱火にかけ、混ぜながらなめらかにする。すぐ食べられるが、1~2時間おくと味がなじんでくる。

野菜がもりもりとれる
バーニャでスティック野菜

材料と作り方（作りやすい分量）

1　きゅうり、大根、セロリ、にんじんはスティック状に切り、かぶは食べやすい大きさに、ラディッシュは飾り包丁を入れる。

2　1の野菜を器に盛り、レミ流バーニャをつけて食べる。

パスタソースとしても大活躍！
細めのパスタで、パパッと仕上げて
バーニャパスタ

材料（2人分）

パスタ（フェデリーニ）	140g
菜の花（4cm長さに切る）	4茎
レミ流バーニャ	大さじ4〜6
粗びき黒こしょう	少々

作り方

1　パスタは表示時間どおりにゆで、ゆで上がる少し前に菜の花を加える。ゆで汁1/4カップをとっておく。ざるに上げて水けをきる。

2　1のパスタと菜の花を鍋に戻し、レミ流バーニャ、ゆで汁を加え、パスタにからむように混ぜ合わせる。器に盛り、粗びき黒こしょうをふる。

肉みそ

かけるだけで満足感いっぱい 幅広く使える常備菜よ

レタスにくるんだり、そうめんのトッピングに、チャーハンの具にしたり……と、活躍の場はいろいろ。冷蔵庫に何もないときのピンチを救ってくれる常備菜です。これをかけるだけで、ボリュームも食欲もアップ！ ほんのり甘く、子どもも大好きな味です。

材料（作りやすい分量）

	豚ひき肉	200g
	玉ねぎ（みじん切り）	½個
	サラダ油	大さじ1
A	酒	大さじ2
	水	½カップ
B	みそ	大さじ2
	しょうゆ	大さじ1強
	砂糖	大さじ1

作り方

1 フライパンにサラダ油を熱し、中火で玉ねぎがしんなりするまで炒めたら、ひき肉を加え、色が変わるまで炒める。

2 1にAを加え、ふたをしてしばらく煮て、水けがなくなったらBを加え、味をなじませる。フードプロセッサーにかけてなめらかに仕上げてもよい。

甘い大根にコクうまのみそ味がベストマッチ

肉みその蒸し大根

材料と作り方（2人分）

1 大根は3cm厚さの輪切り2切れを用意する。皮をむき、蒸し器で透きとおってやわらかくなるまで蒸す。

2 器に盛り、肉みそ適量をかけ、ゆでた大根の葉少々を添える。

定番肉みそに松の実をかけて、食感をプラス

肉みそごはん

材料と作り方（2人分）

1 温かいごはんを茶碗2杯分それぞれ盛り、肉みそ適量と、乾煎りした松の実適量をかける。

2 彩りに、青じそ2枚をそれぞれ添える。

和だしをきかせて大江戸カレー

「わたしの和だし」とカレー粉でルーを作るの

万能だしパック「わたしの和だし」で作る和風カレーだから、「大江戸カレー」と名づけました。市販のカレールーを使わず、「わたしの和だし」とカレー粉だけでルーを作ります（「わたしの和だし」がなければ、お使いのだしパックの中身で代用して）。だしのコクと、和風のやさしさが絶妙よ。どこか懐かしく、そして香り高い味わいは、大人にも子どもにも喜んでもらえるはず。

材料（4人分）

A	豚こま切れ肉	200g
	塩	小さじ¼
	酒	大さじ1
B	にんにく（みじん切り）	小さじ2
	玉ねぎ（みじん切り）	1個
C	にんじん（小さめの乱切り）	小1本
	じゃがいも（小さめの乱切り）	1個
	玉ねぎ（小さめの乱切り）	1個
	サラダ油	大さじ1
	カレー粉	大さじ2
	水	3と½カップ
	「わたしの和だし」（袋を破り、中身を取り出す）	2袋（16g）
	しょうゆ	大さじ1
	塩	少々
D	水	大さじ1
	片栗粉	大さじ1
	ごはん（温かいもの）	4皿分
	グリーンピース（好みで。ゆでてあるもの）	適量

作り方

1 ボウルにAを入れ、混ぜておく。

2 フライパンにサラダ油を熱し、Bをあめ色になるまで中火でじっくり炒める。

3 中火にし、1を加えて炒め、肉の色が変わったらカレー粉を加え、さらに炒める。

4 水を加え、沸いてきたらアクを除き、「わたしの和だし」を加える。

5 Cを加えてふたをし、弱めの中火で15分ほど煮る。

6 しょうゆ、塩で味を調え、合わせておいたDでとろみをつける。

7 ごはんとカレーを盛り合わせ、好みでグリーンピースを散らす。

「わたしの和だし」は魚介だしと野菜だしをバランスよく調合した、今までにない本格だしパックです。魚介のコクにほんのりただよう野菜の甘みが、料理のおいしさをグンと引き立てます。和風料理にも、洋風料理にも使えるので、楽しみ方は無限大。一度使うと手放せなくなる便利さです。また、袋を破り取り出した中身（粉末）をふりかけや、調味料としても使えます。チャーハンや焼きそばなどの炒めものや、おにぎりやお好み焼きなどに使うとおいしい。8g×30袋入り。remy（https://remy.jp/）

食べれば料亭風 だし巻かず卵

巻かないでいいだし巻き卵ね

これなら焦げる心配も、巻き崩れる心配もなし。見かけはスクランブルエッグのようだけど、口の中にひろがる味わいは、まるで料亭のだし巻き卵。「わたしの和だし」が大活躍するひと皿ね。

材料（2人分）

卵	3個
A「わたしの和だし」で取る基本だし	½カップ
片栗粉	小さじ2
薄口しょうゆ	小さじ1
サラダ油	小さじ1
大根おろし、貝割れ大根（好みで）	各適量
しょうゆ	適量

「わたしの和だし」で取る基本だし

1 3カップの水を入れた鍋に、だしパック1袋を入れる。

2 鍋を火をかけ、沸騰したら約2分間煮出す。

3 火を止め、だしパックを箸で軽くしぼるようにして取り出す。

作り方

1 ボウルに卵を溶き、あらかじめ合わせておいたAを加え、よく混ぜる。

2 フライパンにサラダ油を熱し、1を流し入れ、ヘラで軽く混ぜ、弱めの中火で半熟状のスクランブルエッグを作る。

3 2を器に盛り、好みで大根おろしと貝割れ大根を添え、しょうゆをかけていただく。

レミ流ワンポイント

お皿に盛りつけるときは、フワフワ感を残すように、ひっくり返さずフライパンからすべり出すようにのせるといいわよ。余った基本だしは、その日のうちに、おみそ汁など、ほかの料理に使ってね。

和だしでイタリアンパスタ

だしのうまみをパスタに吸わせた和風イタリアン

材料（2人分）

パスタ（フェデリーニ）		140g
アボカド（少しかためのもの。5mm幅に切る）		1個
ミニトマト（半分に切る）		6個
A	にんにく（薄切り）	1片
	「わたしの和だし」	1袋（8g）
	水	3カップ
B	オリーブオイル	大さじ1
	とけるチーズ	40g強
粗びき黒こしょう（好みで）		適量
タバスコ（好みで）		少々

作り方

1 鍋にAを入れて強火にかけ、沸いたらパスタを半分に折って入れ、中火にする。

2 6分たったら、だしパックを取り出し、アボカドとミニトマトを加える。

3 ゆで汁がなくなってきたらBを加え、軽く混ぜて火を止める。

4 器に盛り、好みで粗びき黒こしょうをたっぷりふる。タバスコをふっても。

4

スキンシップよりもベロシップ。ごはんで深める家族の絆。

子どもに耳を傾けると、アイデア料理が生まれる。

明日香　レミさんって、うちの子どもたちがどんなに無茶言っても、「ダメ」とか「無理」とかって、絶対に言わないですよね。

レミ　そうかなぁ。

明日香　昔、唱ちゃん［＊30］が「ごはんにカルピス入れて！」って言ったときも、ちゃんと応えてあげたとか。

レミ　懐かしいな〜。そうなの。唱がカルピスが大好きで、「オムレチュにカルピチュいれて！」って言ったのよ。大丈夫かなぁって思いながら作ってみたら、おいしいのができちゃってさ！　ほかにもカルピスで何か作れないかなぁって思って、ドレッシングにも入れてみた。そしたら、今でいうバルサミコ風のドレッシングになったのよ！　甘酸っぱくて、シャレた味になったの。子どもにヒントをもらってできた、大発見料理ね。

明日香　それをやってあげられるおかあさんっていうのが、ほんとに理想的です。子どもにとっても、ものすごくいい体験になりますよね。自分が思いついたアイデアで、おいしいものができて、おかあさんが喜んでくれたら。

＊30　長男です。3〜4歳頃の話ね（byレミ＝27頁参照）。

レミ　もちろん子どものためでもあるけど、どんな味になるんだろう？　って、私自身が料理を楽しんじゃってるの。それは、今も昔も全然変わらないな。

明日香　レミさんって好奇心のかたまりですよね。だからどんどんアイデアがわいてくるんだろうなぁ。

レミ　あとは、なんでも楽しく考えることね。たとえば、もっと楽しく野菜を食べられる方法はないかなって考えて、思いついたのが、「佐藤くんディップ」。聞いただけで楽しそうでしょ。覚え方は、「オーイ、佐藤くん、君が味噌の当番じゃん！」（☞130頁）。

明日香　出た！（笑）。

レミ　「オーイ」はオリーブオイルで、「佐藤くん」は砂糖。「君」は卵の黄身で、「味噌」はベースの味になるみそ。最後の「当番じゃん！」は、豆板醤。分量も、1対1対1対1で覚えやすいから、とっても便利。

明日香　キャベツにつけて食べると止まらなくなりますよね。

レミ　そうでしょ。あとは、「熊の魂、こっぱみじん」っていう覚え方のディップ（「熊の魂ディップ」☞130頁）もある。

明日香　率さんが名づけたやつだ。さすが親子ですよね。

レミ　ほんとは「熊のオシッコ、パセリ添え」だったんだけど、「食べものにオシッコはまずいよ」って、息子に直されちゃった。

明日香　子どもの好き嫌いも楽しんでたんですよね？　子育てママが抱える大きな悩みのひとつなのに。

レミ　嫌いなものを食べさせることができたら、「しめた！」って感じで嬉しいじゃない！　嫌いなものを食べさせるのって、コツがいるでしょ？　そういうのを考えるのが、また、楽しいんだよね〜。たとえば、うちの息子はにんじんが嫌いだったから、「にんじん入りハンバーグ」［＊31］ってのを思いついた。にんじんはすりおろして入れるから、見た目には全然わからない。しかもにんじんのおかげで甘みが出て、ハンバーグもすごくおいしくなっちゃうし。

明日香　なるほど。いいことばっかりですね。

レミ　にんじんはすりおろしちゃうと便利なのよ。炊きこみごはんにすれば色がとってもきれいになるし、「にんじんあんかけチャーハン」［＊32］もできる！

明日香　「にんじんのさつま揚げ」［＊33］もありましたよね。

レミ　そうそう。それもおいしい。なにしろ、子どもが嫌いなものは、だまくらかして食べさせちゃうしかないでしょ。

＊31　ようは、ハンバーグのタネに、すりおろしたにんじんを混ぜちゃうの。肉１００ｇなら、にんじんのすりおろしが半分の50ｇくらい（ｂｙレミ）。

＊32、33　ごめんなさい。本書では作り方を紹介しておりません。ご興味のある方は、既刊『平野レミのＬｏｖｅｉｓごはん』（セブン&アイ出版）をご覧ください。

「ダメ」とは言わない。苦い味、苦い経験が、子どもの感性を育てる。

明日香　うちの長女、食べものの好き嫌いがほとんどないんですよ。大人の味つけでも喜んで食べるし。にんじんでいうと、クミン［＊34］を効かせた「にんじんサラダ」［☞132頁］なんて、大好物なんです。

レミ　まだハイハイしてるときに、うちで作った大人の炒め物をつまみ食いして喜んでたっけ。クミンと香菜がたっぷり入ってるのに、平気な顔して食べててさ。おもしろい子だな〜と思った。

明日香　スパイスがきいたものを子どもが食べようとすると、普通の親は「ダメ」って言いがちだけど、レミさんは、どんどん食べさせちゃいますもんね。

レミ　だって、インドの子どもなんて、生まれたときからスパイス人生だけど、インドには頭のいい人いっぱいいるじゃない。それに、なんでも食べさせたほうが、いろいろな味を知れて豊かな感性が育つと思うから、ダメとは言いたくないの。アーちゃんだって、あれはダメこれはダメって言わずに、とりあえず子どもたちにやらせてみちゃうよね。べったりお世話するんじゃなくて、ちょ

＊34　カレーの香りづけなどに使うスパイス。地中海沿岸が原産。種子（クミンシード）は小さな船のような形。

っと離れたところから見守ってる感じで。

明日香　そうですね。苦い経験、痛い経験から学ぶことは大きいと思うんで、公園なんかで、危ない！　って場面でも、あえて放っておくこともあります。友だちとケンカしてても、黙って行方を見守るし。横で率さんはソワソワしてますけどね（笑）。

レミ　アーちゃんも、そういう育てられ方をしたのかな。

明日香　すごく伸び伸び育てられたし、自分にまかせられてた部分が大きかったですね。大学生のときに数か月ひとりで海外に行きたいって言ったときも、反対するようなことは一切言われませんでした。言っても無駄って思われてたのかもしれないけど。おかげで、フロリダのお寿司屋さんでバイトして、貯めたお金でニューヨークに遊びに行くっていう、おもしろい夏休みになりました。

レミ　いいね～。そうやってたくましい人間になっていくのよね～。子どもたちにも、今のうちから、なんでもやらせてあげるといいわよ。

明日香　うんうん。今はまだ小さいけど、でも既に、なんだってやってのける力を持ってるって思うんです。大人が手助けしすぎると、その力が育たなくなっちゃう。危ない場面でどうやって動こう、とか、友だちとどうやって仲直りしよう、とかって、親が介入しないほうが、かえってうまく解決してることが多いんですよね。黙って見守って、最後に「ちゃんと見てたよ、よくできたね」って、自信を持たせてやるのが、私の役目かなって。そんな自分の子育てには、自信なくすこともしょっちゅうなんですけどね。

レミ　アーちゃんも、親として、人間として、まだまだ育ち盛りなのよ。私、子育ては、親育てだと思うのね。子育てほど人間として成長させられることってないよ！　それを3人分やってるんだから、数十年後のアーちゃんは最強よ。

明日香　そっか。なんか、ありがとうございます。自信わいてきました。

レミ　大人もそうだけど、子どもに自信を持たせるってことは、とっても大事よね。率が幼稚園のときにね、お弁当に入れたにんじんとピーマンをきれいに残してきてさ。だから私、先生に頼んだの。「にんじんやピーマンをお弁当に少し入れますから、食べたらよ〜く褒めてやってください」って。でね、率が帰って来て、お弁当箱を受け取ると、カタカタって軽いの。中を見て、「うわぁ！　にんじんもピーマンもなくなってる！」って大げさに驚いてみせたら、「このくらい平気だよっ」って得意そうに言った。そうやって、褒めて褒めて、自信を持たせて、にんじんとピーマンをだんだん大きくして克服させせちゃった。

明日香　アハハ。かわいいなぁ。素直な子だったんですね。私も褒めて褒めて、もっといろいろ頑張ってもらわなきゃ。

レミ　子どもたちに？

明日香　いや、率さんにですよ。

家族みんなで、楽しくごはんを食べる。
それが、何よりも大切。

レミ　ずっと前に、私、足をケガしたことがあったの。痛くて痛くてずっとしゃがんで生活してたんだけど、しゃがんでるから、目線が低くなるじゃない。そのときに、子どもはいつもこの目線で見てるんだなって気がついた。子どもから見た大人は巨人みたいで、大きいのよ。特に、アーちゃんはデカい！

明日香　子どもの目線から見上げたらそりゃ巨人ですね。

レミ　ね、ね、そうでしょ。

明日香　そんな巨人が、上からガーガー怒ってばかりいたら、気持ちがつぶれちゃいますね。

レミ　でしょ。だから、いつも子どもの目線でいろんなことを考えてみなきゃダメ。でもね、これは子どもを育て終わったからわかるのよね。子育ての渦中にいると、忙しくて、心にも余裕がなくて、つまんないことにもイライラしちゃう。

明日香　子育ては、自分の思いどおりにならないからイライラするんですよね。

レミ　大人は自分勝手よね。よく新聞に虐待された子どものニュースが出てるでしょ。私、あの見出しを見ただけでもう読めない。つらすぎてたまらない！

明日香　うん。ほんとに見てられないです。

レミ　虐待しちゃうおかあさんって、自分が子どものとき、親にかわいがられてなかったのかな？　親と一緒にごはん食べてなかったのかな？　って、親のことが気になっちゃう。

明日香　うんうん。わかります。それに近いことを、街中《まちなか》でもよく思います。やたらと人につらくあたってる人とか見ると、さみしいのかな、幸せじゃないのかなって思っちゃう。それを人にぶつけるのは間違ってるけど。

レミ　そうだ！　アーちゃんは、知らない人にも説教しちゃうんだもんね！

明日香　いや、ごくたまに、ですけど……はい。

レミ　電車で女の子をひっぱたいたんでしょ？　なんだっけなんだっけ？

明日香　あれはね、ひどかったんです。女子高生くらいの女の子が、電車の中で携帯電話越しに、誰かの悪口を言ってたんです。しかも、ものすごく大きな声で。まわりにいるみんなが、いやな顔してました。だから私、注意しに行こうと思って席を立ったら、ちょうどそのとき、その子の近くに座ってたおばさんが、私より先に注意してくれたんです。そしたらその子が、「ババアが怒ってるんだけど～超ウザい～」みたいなこと言って。おばさん泣いちゃったんですよ。それがもう、許せなくて。携帯持ってる女の子の手をパシーンってはたいて、「謝りなさい！　ブス！」って言いました。

レミ　アッハッハッハ！　かっこいい〜！　でもブスは言いすぎじゃない？

明日香　心のブスだ！　ってことですよ。たしかに言いすぎたけど。あの子どうしたかな。携帯、かなりの勢いで電車の端っこまで飛んでったから、壊れてないといいんですけど……。

レミ　その子もさ、親と一緒にごはん食べてなかったのかもしれないね。

明日香　かもしれませんね。家族みんなでごはんを食べて会話をする習慣があったら、もうちょっとやさしくなれる気がする。

レミ　そうね〜。ごはんのときは、宿題の話もしないでさ。

明日香　え？　宿題？

レミ　そう。ごはんのときは、楽しい話をいっぱいするの。めんどくさい話は一切しない。それで、「お腹いっぱい！　ごちそうさま！」って席を立とうとしたら、「ちょっと待って、宿題は？」って切り出す。

明日香　どういうことですか？

レミ　そうしないと、ごはんの時間が嫌いになっちゃうかもしれないじゃない。ごはん中は、小言はなし。これがうちのルールね。

明日香　なるほどね。怒られながら食べるごはんって、きっとおいしくないですもんね。

スキンシップよりも「ベロシップ」。ベロでつながる、親子の絆。

レミ　アーちゃんは、いつも子どもたちとワイワイごはん食べてるでしょ？

明日香　ワイワイどころか、賑やかすぎて格闘ですよ。

レミ　大変だ。まだみんな小さいもんね。でも、私の味が孫の代までつながってると思うと、ほんとに嬉しいなぁ。

明日香　完全に、家族の味になってますよ。

レミ　家族の味といえば、昔さ、私の知り合いが「うちの家族がみんな大好きなお寿司なんです。ぜひ食べてください」って、お手製のちらし寿司を持って来てくれたことがあったの。「ありがとうございます！」っていただいたんだけど、うちの家族は、誰も好きになれなかったのよ。

明日香　あら。

レミ　でも、その家族はみんながおいしいって言ってるわけだから、その家族にとってはその味が正解。うちとくらべて、どっちがいい、悪い、ってことはないのよね。その家で代々受け継がれた味があるわけだから、ベロは、人それぞれ。生まれ育った環境によって、違って当然なの。

明日香　レミさんの言うベロとは、味覚のことですよね。一応、補足です。

レミ　そうそう。で、家族単位で同じベロを持っておくってことはとても大切で、それが、家族の絆を強くする秘訣だと思うのね。「おふくろの味」って言葉があるけどさ、おかあさんがおうちでちゃんとごはんを作って、子どもをその家のベロで育てておけば、いずれ思春期を迎えたときに、ちゃんと家に帰って来るでしょ。同じベロなら、家族でごはんを食べる楽しみも増えるしね。こうやって、親子がベロでつながることを、私は「ベロシップ」って呼んでるの。

明日香　そのうち抱っこもさせてもらえなくなるし、触ったりなんかしたら怒られちゃうようになるんですよね。だったら、スキンシップより、ベロシップのほうが、確実で、永遠ですね。

レミ　そのとおり！

明日香　でも、家族とはいえ、どうしても好みのバラつきはありますよ。

レミ　そうね。私は辛いものが好きだけど、和田さんは苦手。こしょうをビーッ[＊35]て挽く音がしただけで、「やめて」って言うくらい。別々のベロ教育を受けて来た二人が結婚するわけだから、どんなに愛し合ってても、ベロまで一心同体にはなれないの。

明日香　その点、子どもは、おかあさんの味が、すべての基準になるんだ。

レミ　そう。その子の一生のベロをつくるおかあさんの責任は重大よ。

＊35　この音は、電動のこしょう挽きの音ね（ｂｙレミ）。

家族の健康は、ごはんで決まる。家族の体調は、食べ方でわかる。

明日香　レミさんは、家族の体調なんかも気にしながらごはんを作っていて、すごく影響受けました。私も、今日はごはん、何作ろうかなって考えるときに、まず家族の体調を思い浮かべるようになりました。

レミ　えらいえらい。健康は、毎日のごはんで決まっちゃうからね。今日食べたものが3か月後の体をつくるらしいし。

明日香　あと、観察するのも大事だと思う。最近ごはんが進んでないな、とか、好き嫌いが変わったな、とか、家族の食事をちゃんと見てたら、病気にも気づきやすいと思う。でも、最近は個食の時代で、家族の食事に関心のない人が増えてるみたいですよ。

レミ　そうみたいね～。

明日香　食育インストラクターの勉強のなかでも、よくそういう事例が出てきました。

レミ　へー、そんなことも勉強するんだ。栄養のことも詳しくなった？

明日香　うん、キャベツとレタスの違いがわからなかった頃にくらべれば。でも、この食材にはどんな栄養があって、体のどこに効くっていう話は、いかにもお勉強、って感じで、頭に入りにくかったです。

レミ　アハハハハ。

明日香　逆に、調理の仕方とか、相性のいい食材のこととか、実践的なことは、すぐに覚えられました。「この野菜はこういう特徴があるから、この食材と一緒に食べると、より体にいい」みたいなことを知ってると、日々の料理に反映できて、おもしろいんです。

レミ　いいじゃん、いいじゃん。私にも教えなさいよ！

明日香　いや、教えるも何も、レミさんのレシピは、意外と……って言ったら失礼だけど（笑）、栄養的にも理にかなってることが多いんですよ！　レミさんは、意識してないと思うけど。

レミ　たとえばどんなこと？

明日香　にんじんって、ビタミンを壊す成分が入っていて、それを防ぐために、柑橘類の果汁とか、酢を組み合わせるといいんです。レミさんのにんじんサラダには、もともとオレンジが一緒に入ってますよね。おいしいからそうしてるんでしょうけど、栄養学上も、理想的な組み合わせになってるんですよ。

レミ　あ～ら天才！

もったいないことはしない。野菜の皮こそ、レミ料理の神髄。

明日香　きっとレミさんは、理屈を超越したところでわかってるんだろうな、って思います。レミさんのレシピのなかに、野菜の皮を使ったものがたくさんあるじゃないですか。野菜は、皮の近くにいちばん栄養があることが多いので、ほんとは、皮こそ食べなくちゃいけないんです。

レミ　私、大根おろしなんかは、皮ごと使っちゃう。皮を除いたときでも、まず捨てない。きんぴらにしたり、「大根の皮ったペペロンチーノ」［☞138頁］にしたりね。

明日香　大根の皮が、フェットチーネ［*36］みたいになるんですよね。

レミ　なすの皮もおつまみにぴったりよ。

明日香　「なすスキン」［☞140頁］は、娘も大好きです。お弁当にも入れてって よく言ってます。好みが渋いですよね。

レミ　かわいいじゃない〜！　あと、「レミラー油」［*37］には、ピーマンの種を入れるの。辛味成分が入ってるからね。あとは、ゴーヤのワタで天ぷらやったり、ぶどうの皮でジャム作ったり。

---

*36　平たい形のパスタ。卵と小麦粉で作られ、きしめんのように平たい。イタリア語では「小さなリボン」という意味だそうです。

*37　ごめんなさい。本書では作り方を紹介しておりません。レミのホームページ「remy」(https://remy.jp) をご覧ください。

明日香　ぶどうの皮でジャム⁉

レミ　ぶどうをチュッチュッペッてしたあとの皮を使うの。唾液がいっぱいだから、家族の分だけしか作りたくないけどね。家族のでもいやか。

明日香　ベロシップにもほどがありますね。

レミ　まあとにかく、皮料理はたくさんあって、それだけで本が一冊作れちゃうと思う。廃物利用は、私のレシピの神髄かもね。

明日香　廃物になりかけたにらで作れる「にらもち」［☞142頁］と「にらみそのおむすび」［☞144頁］も便利ですよね。

レミ　そう。うっかりしていると、冷蔵庫でにらがぐったりしてる。そんなとき、この二品なら間違いなくにらがよみがえっておいしく食べられる。にらも大喜びだと思う。食材を無駄なく使いきる、もったいないことはしないって、シュフの鉄則でしょ？

二度づけ禁止！2種のディップで野菜スティック

覚え方がそのままレシピに！混ぜるだけの簡単ディップ

数あるオリジナル野菜ディップのなかから、選りすぐりの二品を紹介するわよ。和風ディップの覚え方は「オーイ、佐藤くん、君が味噌の当番じゃん！」。洋風ディップは「熊の魂、こっぱみじん」。材料を順番に入れていくだけなので、覚えやすいし簡単でしょ。左頁のワンポイントを見てね。

材料（作りやすい分量）

いろいろな野菜	各適量

和風ディップ（佐藤くんディップ。右）

A	オリーブオイル	大さじ1
	砂糖	大さじ1
	卵黄	1個分
	みそ	大さじ1
	豆板醤	少々

洋風ディップ（熊の魂ディップ。左）

B	クリームチーズ（常温にもどす）	大さじ4
	マヨネーズ	大さじ2
	玉ねぎ（すりおろす）	大さじ1
	塩、こしょう	各少々
	パセリ（みじん切り）	適量

作り方

1 いろいろな野菜はひと口で食べやすい大きさに切り、器に盛る。

2 和風ディップを作る。ボウルにAの全材料を入れ、混ぜる。

3 洋風ディップを作る。ボウルにBの全材料を入れ、混ぜる。

4 2、3をココット皿などに盛り、1の野菜に添える。

レミ流ワンポイント

「オーイ」はオリーブオイルで、「佐藤くん」は砂糖。「君」は卵の黄身で、「味噌」はみそ。最後の「当番じゃん！」は豆板醤。これはね、使う量がほぼ1対1対1対1なの。「熊の魂、こっぱみじん」の「ク」はクリームチーズ、「マ」はマヨネーズ、「たま」は玉ねぎ。それに加えて、「し」が塩、「こ」がこしょう。最後にパセリをみじん切りして加えるだけ。だから「こっぱみじん」。出てくる順番に分量が半分ずつに減っていくって覚えてね。

にんじんサラダ

オレンジのしぼり汁を使った特製ドレッシングにはにんにくの香りを足すの

この「にんじんサラダ」は私の大好物。味がなじむとさらにおいしくなるから、いつも多めに作って翌日も食べるの。おいしさの秘密はなんといってもドレッシングね。オレンジのしぼり汁で自然の甘みを加えて、ちょっぴりにんにくの香りを足すのもポイント。オレンジがないときはりんごのすりおろしでもいいし。これにクミンを加えると、たちまち大人の味わいになるのよね。

材料（2人分）

にんじん（せん切り）	2本
塩	小さじ1と½
松の実（乾煎りする）	大さじ2
チャービル（あれば）	少々

ドレッシング

オリーブオイル	大さじ4
オレンジしぼり汁	大さじ4
にんにく（すりおろす）	½片
砂糖	小さじ2
粗びき黒こしょう	少々

作り方

1 にんじんは塩をふり、しんなりしたら水けをしぼる。

2 1を合わせたドレッシングであえて器に盛り、松の実を散らし、あればチャービルを添える。

キャロットドレッシングでいただく
りんごとくるみのサラダ

すりおろしたにんじんで作る、うちの特製ドレッシング

材料（2人分）

キャロットドレッシング

A	にんじん（すりおろす）	大さじ3
	にんにく（すりおろす）	小さじ½
	サラダ油	大さじ5
	レモン汁	大さじ1
	砂糖	小さじ1と½
	塩	小さじ½
	こしょう	少々

サラダ

りんご（皮ごといちょう切り）	½個
くるみ	30g
エンダイブ	適量
キャロットドレッシング	⅓カップ

作り方

1 キャロットドレッシングを作る。ボウルにAの材料をすべて入れ、よく混ぜ合わせる。

2 くるみは軽く乾煎りする。エンダイブは食べやすくちぎる。

3 器にりんごと2のくるみとエンダイブを盛り、キャロットドレッシングをかける。

キャロットドレッシング活躍ポイント

にんじんをすりおろして、にんにくと合わせると、マイルドなのにリッチな味わい。魚介のカルパッチョや、蒸し鶏にかけても相性抜群。

カルピスドレッシングサラダ

息子のリクエストで、オムレツにカルピスを入れたら、大成功

気をよくして、ドレッシングに入れたら、野菜をペロリと食べてくれるようになりました。このドレッシングがあれば、子どもも野菜をいっぱい食べてくれるわよ。

材料（4人分）

レタス（ちぎる）	½個
クレソン（ちぎる）	1束
水菜（ちぎる）	¼束
ベビーコーン（ゆでて縦半分に切る）	適量

カルピスドレッシング

カルピス	小さじ2
白すりごま	大さじ1
しょうゆ	小さじ2
ごま油	小さじ2
酢	小さじ1

作り方

1 野菜を混ぜ合わせ、器に盛る。

2 ボウルにドレッシングの材料を入れ、よく混ぜる。

3 1に2をかけ、混ぜていただく。

レミ流ワンポイント
カイエンペッパーや、一味唐辛子をふってもおいしい。

カリカリごぼうでいいおあじ

濃縮されたごぼうのうまみを贅沢にのせちゃうの

ごぼうは、チンして水分をとばし、油で揚げて、カリッカリに。ひと手間かかるけど、こうすることで、ごぼうのうまみが引き出せるのよ。香ばしいごぼうのトッピングは、やわらかいあじのから揚げと相性抜群。

材料（4人分）

ごぼう（長めのささがき）	½本
あじ（3枚におろす）	4尾
万能ねぎ（小口切り）	適量
塩、こしょう	各少々
小麦粉、揚げ油	各適量

ソース

ごま油	大さじ1
にんにく（つぶす）	2片
長ねぎ（青い部分）	1本
水	1と½カップ
オイスターソース、しょうゆ	各大さじ1と½
水溶き片栗粉	片栗粉、水を各大さじ1で溶く

作り方

1 ごぼうはさっと水にくぐらせる。耐熱皿にキッチンペーパーを敷いてごぼうをのせ、ラップをせずに電子レンジ（600W）で約5分加熱し、水分をとばす。さらに中温（約170度）に熱した揚げ油で、5分ほどかけてカリッと揚げる。

2 あじは食べやすく切る。塩、こしょうをふり、小麦粉をはたく。1の揚げ油を再び中温に熱し、あじをカラリと揚げて、器に盛る。

3 ソースを作る。フライパンにごま油を熱し、にんにくと長ねぎを炒め、水、オイスターソース、しょうゆを加えて、弱火で煮つめる。3分の2量になったら、にんにくと長ねぎを除き、水溶き片栗粉で加減をみながらとろみをつける。

4 2に3のソースをかけて1のごぼうをのせ、万能ねぎを散らす。

キャベペペ

黄身をトロリと崩しながら キャベツにからめていただくの

とにかくキャベツは大きく手でちぎって、キャベツの味を楽しんで。「キャベペペ」は、卵の黄身がソースになるの。レアに仕上げて、アンチョビーを混ぜて食べると、キャベツの甘みがいっそう強く感じられるから、よーく混ぜてね。

材料(4人分)

キャベツ(大きめにちぎる)	6枚
赤ピーマン(乱切り)	1個
A にんにく(薄切り)	2片
赤唐辛子(種ごとちぎる)	1本
オリーブオイル	大さじ2
アンチョビー	4枚
塩	少々
卵	2個

作り方

1 フライパンに Aを入れて熱し、にんにくの香りが立ったら、キャベツと赤ピーマンを加えて中火で炒める。

2 キャベツがしんなりしたら、塩で味を調える。仕上げに卵を割り落とす。

3 卵に少し火が通ったら、2を器に盛り、黄身を崩しながらいただく。

大根の皮ったペペロンチーノ

パスタに見えるけど、実は大根の皮をピーラーでむいたもの。私の皮ったレシピの第1弾ね

おでんや、煮もの、サラダを作ったとき、ついつい捨ててしまいがちな大根の皮。栄養たっぷりなので捨てるなんてもったいない。皮はフェットチーネみたいでしょ。大根1本分で、もう一品できちゃう、これがシェフのワザ。ちなみに大根の皮や葉には、カルシウムやビタミンなどがたっぷり含まれているから栄養も満点。大根1本、余すところなく使いきりましょう。

材料（作りやすい分量）

大根の皮（ピーラーでむく）		1本分
大根の葉（あれば。刻む）		適量
A	にんにく（みじん切り）	1片
	ベーコン（みじん切り）	1枚
	赤唐辛子（種を除き、小口切り）	½本
	オリーブオイル	大さじ1
塩		適量
こしょう		少々

作り方

1 大根の皮、葉（あれば）はさっと塩ゆでし、水けをきる。

2 フライパンにAを入れて炒め、香りが立ったら、1を加えて炒める。塩、こしょうで味を調える。

なすスキン

皮ったレシピの第2弾ね。なすの料理のなかでいちばん好き！

なすはあんまり栄養がないってよく言われるけど、皮の部分にポリフェノールなどの栄養素が含まれているから、絶対に捨てちゃダメ。パパッと一品、なすの皮のきんぴら風のおいしいおつまみができちゃいます。

材料（作りやすい分量）

なすの皮（ピーラーでむく）	3本分
ごま油	小さじ2
ナンプラー	小さじ½
白いりごま	適量

作り方

1 フライパンにごま油を熱し、なすの皮を入れて中火で炒め、しんなりしたら、ナンプラーを加えて混ぜる。

2 1を器に盛り、白いりごまをふる。

ポテトスキン

皮ったレシピの第3弾は じゃがいもの皮を使ったピザ風

じゃがいもの皮は、焼くとパリッとおいしくなるから、特にオーブン料理では皮ごと使うのがおすすめよ。でも、どうしても余っちゃうときには、皮だけ集めてチーズをのっけて、オーブントースターで焼いてみては？ まるで、薄焼きのクリスピーピザみたいな仕上がりになり、子どもも大喜び！ 捨てる皮でできちゃうから、材料費だってタダね。

材料（作りやすい分量）

じゃがいもの皮（ピーラーでむく）	2個分
とけるチーズ	ひとつかみ
塩、こしょう	各少々
タイム	適量
サラダ油	少々

作り方

1 アルミホイルにサラダ油をぬり、じゃがいもの皮を並べ、チーズをまぶす。さらに、塩、こしょう、細かく刻んだタイムをふる。

2 1をオーブントースターで、こんがり焦げ目がつくまで焼く。クッキングシートなどに移し、上にタイムを飾る。

にらもち

野菜と一緒に混ぜ込んだ おもちのアレンジ料理

よもぎを混ぜた草もちのように、にらを混ぜ込んだのが、この「にらもち」。私の実家から引き継いだ味なの。焼きもちや、お雑煮にあきたら、栄養満点のにらを混ぜてみてね。バターじょうゆで新しい味よ。オモチロイでしょ。

材料（2人分）

にら	1束
切りもち	4個
バター	大さじ2
にんにく（みじん切り）	1片
しょうゆ	小さじ1～2

作り方

1 にらはさっとゆでて水にとり、水けをしぼる。包丁で細かく刻む。

2 切りもちに軽く水適量（分量外）をふり、ラップをして電子レンジ（600W）で約1分30秒加熱する。熱いうちに1のにらを混ぜ込み、手に水をつけながら食べやすい大きさに手早く丸め、器に盛る。

3 バターじょうゆを作る。フライパンにバターとにんにくを入れ、弱火で香りが立つまで炒める。しょうゆを加えてでき上がり。2のにらもちにかけていただく。

にらみそのおむすび

にらのおいしさがきわ立つ特製みそ。塩むすびと抜群の相性なの

にらをみそに練り込んで作るにらみそは、おにぎりの具にしてもよし、こんにゃくやたけのこ、スティック野菜などにつけるディップがわりにしてもよし。何につけてもおいしいわよ。

材料と作り方（作りやすい分量）

1　にら1束は洗って4等分の長さに切り、水けをつけたまま電子レンジ（600W）で約2分加熱する。

2　1が冷めたら水けをしっかりしぼり、フードプロセッサーにかけて、ペースト状にする（または包丁で細かくたたく）。

3　鍋にごま油大さじ1と½を熱し、赤みそ大さじ1と½、砂糖大さじ2を弱火で炒める。火を止めて、ペースト状になった2のにらを入れて混ぜ合わせる。

4　俵形ににぎった塩むすびに、にらみそを小さじ1ずつのせて、いただく。

5

時間を
かけずに
心をこめる。
それが、
平和をつくる
シュフ料理。

手間をかけるということが、心をこめる、ということじゃない。

明日香　レミさんって、料理しながらよく歌ってますよね。

レミ　うん。最近は、孫に教えてもらった、「ありの〜ままの〜♪」がお気に入り。

明日香　レミさんはいつだってありのままじゃないですか（笑）。

レミ　ありのままがいちばんよ。料理だって、食材のありのままのおいしさを引き立ててあげるのが、いちばんおいしくできるしさ。だしで味のベースを作ってあげれば、調味料なんかちょろっとでいいんだから。

明日香　あ〜、それは、料理をすればするほどわかってきました。

レミ　あとは、フライパンをありのまま食卓に出しちゃうってのも、楽でいいわよ。「レミパンビビンバ」［☞158頁］とか、「フライパンパエリア」［*38］とか。レミパンやフライパンのまま、「はい、でき上がり！」って、そのまま食卓に出すと、盛り上がるじゃない。

明日香　うちでは、「あっさり豚」［☞160頁］もフライパンのままテーブルに出しちゃいます。友だちが家に来るときによくやるんですけど、なんだか豪華に

---

*38　ごめんなさい。本書では作り方を紹介しておりません。

見えるみたいで、喜んでもらえます。超簡単なのに。

レミ　「あっさり豚」おいしいよね。油も使わないからヘルシーだし。

明日香　フライパンのまま出すと、洗いものが減るのもいいですよね。

レミ　そう！　手間が減って時間の短縮になること、大好き。ずっとキッチンに立ってるより、早く済ませてほかのことに時間使ったほうがいいでしょ。

明日香　時短料理でいうと、「10秒ビシソワーズ風」［＊39］が最速ですか？

レミ　そうかもね。トマトジュースを牛乳で割って調味料混ぜるだけだから、ほんとに10秒でできちゃう。本物のビシソワーズなんか、まじめに作ろうと思ったら、玉ねぎをあめ色になるまで炒めて、じゃがいもをコトコト煮て、つぶして……って、時間がかかるじゃない。時間をかけないで、心をこめる。必ずしも、時間をかけることが心をこめるってことじゃないと思うの。

明日香　そのとおりだと思います！　ずうっとキッチンに張りついてたら、くたびれて、料理がやんなっちゃいますもんね。やんなったら、心もこめられない。どんなに時間をかけて作ったって、食べるのは一瞬だし。

レミ　そうよ、そうよ！　何時間もかけた料理が一瞬で食べられて、「はい、ごちそうさまでした」って、席を立たれたら、不公平じゃない。だったら、料理はさっさと済ませて、できるだけ長く一緒にごはんを食べて、「おいしいね〜」って言い合えるほうが幸せでしょ。

＊39　ボウルに、無塩トマトジュース1カップと、牛乳1カップ、塩小さじ$\frac{1}{4}$を入れ、よく混ぜる。オリーブオイル、こしょう、バジル各適量を加え、器に移せば、でき上がり（by レミ）。

「おふくろの味」を、「袋の味」にさせない。

明日香　率さんから聞いたんですけど、小さい頃、食事中にテレビを見てるとよく消されたって。それだけ、レミさんは家族のごはんの時間を大切にしてたんですよね。

レミ　ごはんの時間は、ごはんの時間。テレビを見ながらなんて、作った人に失礼！　みんなでごはんを取り分け合って、おいしいおいしいって言って食べて、楽しい話して、そういうのがいいじゃない。親子の絆って、「ベロの絆」だと思うのね。

明日香　さっきの話にもあった、「ベロシップ」だ。たしかに、家族が向き合って、みんな同じものを食べていられたら、それだけでつながっているように感じますよね。

レミ　ベロシップの続きだけどさ、おかあさんがちゃんと料理を作っていれば、子どもは絶対にいい子に育つと思うの。買って来たものをレンジでチンするのもたまには仕方ないけど、おかあさんのベロを通さないでチンだけして「はい、食べなさい」だと、母親の役目がなくなっちゃう。「おふくろの味」が、レトルトの「袋の味」じゃ悲しいじゃない。

明日香　うまいこと言うな〜。わかってはいても、時間に追われると、レトルトやスーパーのお惣菜に頼りたくなるんですよね。でも、レミさんのレシピを思い出して、「そういえばこれ、簡単に作る方法あったな。家で作るか」って、考えが変わることがよくあります。

レミ　ほんとに⁉　嬉しい。市販のお惣菜をそのまま出すのって、なんとなくうしろめたさと罪悪感があるからね。私は、ちゃんと自分のベロを通して、おいしいと思うものを食べさせたい。それが、たとえ全人生のなかの1食分だとしてもね。

明日香　すごい。そこまで徹底はできないけど、私も同じ思いです。でも、仕事でロケに出てるときはレミさんだってさすがにお弁当［＊40］食べるでしょ？

レミ　それはみんなと仲よく食べるわよ。でも、天ぷらのぶ厚い衣をはがしたり、着色の強そうなものは残しちゃうこともあるわね。

明日香　なるほどね〜。

レミ　口の中に何を入れるか、きちんと考えたり、選んだりすることは絶対に手を抜きたくない。でも、作り方は「食べればコロッケ」［☞34頁］みたいに大胆に手抜きしちゃうけど。

明日香　手抜きっていうか、工夫ですよね。手抜きのための、工夫。

＊40　ここでいうお弁当は、テレビ局の仕事の際に用意される弁当のこと。

分量は、手の感覚で。賞味期限は、鼻の感覚で。

明日香　手抜きとはまたちょっと違うけど、レミさんは、家では分量を量る手間も省いてますよね。しょうゆでもなんでも、直接ドボドボドボ［＊41］……ってやっちゃうじゃないですか。

レミ　量らない、量らない。シュフは誰だって量らないよ。

明日香　いや、そんなことないですよ（笑）。

レミ　仕事でレシピを出すときなんかは量るよ。でも、ハカリなんかなくったってだいたいわかるもんね。パスタ1人分80g［＊42］はこのくらい、ひき肉200gはこのくらいかな？　って、握ればわかっちゃう。

明日香　レミさんレベルになると、手にハカリ機能がついちゃうんですね。私はまだまだ修業が足りないな。でも、料理をはじめた頃に憧れてた、〝冷蔵庫にある残りの食材でチャチャッと作る〟は、やっとできるようになりました。

レミ　成長したね～。そのうち、もっと進化するよ、シュフとして。

明日香　どういうことですか？

レミ　次は、冷蔵庫にある残りの食材の、賞味期限［＊43］を自分で決められる

＊41　しょうゆを大瓶から、そのまま注いでいる場面をイメージしましょう。

＊42　一般的に料理本では、パスタ70～100gを「1人分」としていることが多いようです。

＊43　農林水産省のホームページによれば、「賞味期限は加工食品などにおいて、品質が安全に維持されていることを保証する期限」であり、すぐに食べられなくなることではありません。ちなみに「消費期限」は、豆腐とか生菓子、弁当などに表示されているもので、「この期限を過ぎたものは、品質の劣化などにより、食べないほうがよい」とされています。

ようになるよ。食材の匂いをかいで、これはあと何日持つな、とか、これはもうおいしくないな、って。

明日香　なるほど。

レミ　私は昔から、賞味期限が過ぎたものを家族にどんどん出してたんだけど、あるとき、食材の匂いをかいでたら、息子たちに「それいらない。賞味期限過ぎてるんでしょ」って言われちゃったの。それ以来、匂いをかぐときは、見つからないようにキッチンの隅っこでこっそりとかいでる（笑）。

明日香　だからか！　率さんはかなり賞味期限を気にします。私も、賞味期限は気にしないほうなんですけど、率さんは「えっ、これ2か月も過ぎてるよ」「俺はちょっといいや……」って。

レミ　私が昔っから賞味期限を無視するもんだから、警戒するクセがついちゃったのね。しまいにはね、食べられない靴墨の使用期限まで細かくチェックするようになっちゃった。困ったもんよ。私のこと、全然信用しないんだから。賞味期限切れのせいで下痢したり、病気になったりしたことないのにさ。

明日香　私もこの5年間、こっそり賞味期限切れのものを出し続けてますけど、今のところ大丈夫みたいですね。

レミ　逆に免疫ができていいんじゃないの？

料理本だって、疑ってかかる。大切なのは、ベロメーター。

レミ　私だって、なんでもかんでも出しちゃうわけじゃないのよ。賞味期限内のものだって、卵［＊44］は割ってみて黄身がベチャってなってたら使わない。とりあえず、疑ってかかるの。卵も人も。

明日香　なんか深いこと言ってますね。

レミ　料理本だって、書かれてることそのまんま信じちゃダメ。調味料とか、鍋の種類とか、火力によって、味が変わってきちゃうからね。

明日香　でも、レミさんだって、料理本いっぱい出してますよね。

レミ　そうだった（笑）。でも、平気よ。私のベロメーターでちゃんとチェックしてるから。

明日香　そのレミさんの感覚を、本からじゃなくて、直接教えてもらえる私は、ほんとにラッキーですよ。魚のさばき方なんて、手取り足取り教わっちゃったし。

レミ　すごく自己流だけどね。でも、もう忘れたでしょ？

明日香　いやいや、レミさんのやり方はすごく簡単だったから、覚えてます。

＊44　新鮮なものほど、卵の黄身が盛り上がるようなはりがあるの（ｂｙレミ）。

レミ　みんな魚をおろすときは頭のほうからやるけど、私は尾のほうからビーッとやっちゃうからね。絶対そのほうがやりやすいもん。

明日香　でも、魚一匹まるごと買ってくる、ってことがあんまりないなぁ。レミさんの台所には、魚屋さんのように魚がぞろぞろ並んでますけど……。

レミ　だって、魚は捨てるとこがないもん！　切り身よりまるごと一匹のほうが料理が楽しいし、ずっとお得なのよ。

明日香　あと、料理本に書いてあることで、ずっと気になってることがあるんですけどね。にんにくの芯って、やっぱり取らなきゃダメなんですか？「にんにくは縦に切り、芯を取り除く」[＊45]って、よく書いてあるじゃないですか。

レミ　私さあ、にんにくをどっさり使う料理をいろいろ作ってみて思うんだけど、食べたときに「これはにんにくの芯を取ってないな」って気づく人なんていないわよ。だからいいのよ、取らないで。焦げやすくなるとかいうけど、それ以前にめんどくさいから。

明日香　やっぱりな。そう言うと思った（笑）。

レミ　取りたい人は取ればいいのよ。誰も褒めてくれないけど。逆に、取らなくても誰も困らない。「これはにんにくの芯を取っていない。だから、この味はダメ」っていう人、普通の家庭には絶対いないから。シェフはシェフじゃないんだから、やりやすいようにやっていいのよ。私なんか、切りもしないで、

＊45　にんにくは球根部分を食べているのだけど、中の緑色の芽は火が通りやすく、焦げやすいのは事実。私も、料理本の撮影などのときには取り除くことがあります（by レミ）。

まるごと入れちゃうしさ。

明日香　レミさんの「にんにくどっさり鍋」［＊46］、さいしょに見たときは、あまりの迫力にびっくりでしたけど、食べてみるとおいしくて二度びっくり。

レミ　でしょ？　うちは、にんにく文化圏［＊47］なの。にんにく好きが高じて、歌まで作っちゃったもん。「♪ガーリックで育ったワタシなの　にんにくにんにく　にんにく　おいしいのよ　素敵なのよ　おかげで栄養満点……」

明日香　どうしますか？　本にCDもつけますか？

レミ　アッハッハッハッハ！

＊46　ごめんなさい。本書では作り方を紹介しておりません。レミのホームページ「remy」(https://remy.jp/) をご覧ください。

＊47　同時に「香菜文化圏」でもあるかも。くさいものが大好きってこと（by レミ）。

幸せはキッチンから。おかあさんが作るごはんで、家庭も世界も平和になる。

明日香　料理のこと、たくさん話しましたね。あとにも先にも、こんなに料理について話すこともないんじゃないかな。

レミ　何言ってんの。ダメよ。これからアーちゃんにはもっともっと頑張ってもらわなくっちゃ。

明日香　はい（笑）。子どもが大きくなるまでは、あと20年くらい毎日料理をするはずなんで、頑張るっていうよりは、レミさんを見習って、楽しまなくちゃ。

レミ　そうして。ストレスに感じるのはいちばんダメね。

明日香　でも、たまにありますよ。野菜を切りながら、「はぁ」ってため息が漏れることが。

レミ　あら！　そうなの？

明日香　朝から家事に育児に仕事にで、一瞬も休めないまま夕飯の仕度に突入する日なんか、「なんでこんなに頑張ってんだろ」ってむなしくなるんです。

ごはん作りは毎日のことだから、モチベーションを維持するのが結構むずかしい。

レミ　アーちゃんにもしょっちゅう言ってるけど、「平和はキッチンからつくられる」――これよ。家族みんなが笑顔で食卓を囲めば、その家庭は平和でしょ。そして、左隣の家も右隣の家も、向かいの家もそうだったなら、その町はとっても平和だと思うの。そういう町があっちにもこっちにもあったら、国中が平和でさ。さらに、あっちの国もこっちの国も平和だったら、世界中が平和になるでしょ。それは、おかあさんが料理を作る、ってことではじまるのよ。

明日香　私は世界平和に貢献してるんですね。えらいじゃないか、自分。

レミ　そうよ。とってもえらいよ。でもそうは言ってもさ、楽しくて簡単で、おいしくないと、続かないじゃない。だから私はこの仕事を続けてるの。おかあさんたちに、楽しくて簡単でおいしいお料理を届けて、平和を支えてもらいたいから。

明日香　ノーベル平和賞ものだ。

レミ　あとね、この本があれば、レストランも繁盛すると思うよ。

明日香　なんですか急に。

レミ　どれもおいしくて短時間で作れるレシピばっかりだから、シェフは楽だし、どんどん料理が出てくるから、お客さんも入れ替わり立ち替わりたくさん入って来そうでしょ。どう、アーちゃん？　お店やってみたら？

明日香　アハハハ。私はお客さんをやらせてもらいます。

レミ　そうか。じゃ、やっぱり本にしとくか。

明日香　そうですよ。レストランが繁盛するより、本を読んでくれた方に、もっと料理を楽しんでもらえたら、そのほうが嬉しいじゃないですか。

レミ　アーちゃん、いいこと言うね〜。もっといっぱいいいこと言って、アーちゃんもどんどん本書いちゃえば？

明日香　次はレミさんと仲悪くなったときに、別々に出しましょうか（笑）。

レミ　そうだね。アッハッハッハ！

レミパンビビンバ

甘酢大根のかわりに、らっきょうを使うのがレミ流

焼き肉屋さんの石焼きビビンバを家で作ろうと挑戦してみたのがコレね。今から30年くらい前になるかなあ。今では石焼きビビンバ用の石の器も売っているけれど、重いし、洗うのも大変だし、厚手のフライパンや鍋で十分上手に作れちゃう。テーブルにはフライパンのままで出して、ジュージュー音を立てながら具材をかき混ぜましょう。鍋底にできたおこげから、しっかり混ぜてね。

材料（20cmのレミパン1杯分）

	三つ葉	2束
	豆もやし	½袋
	牛こま切れ肉	100g
	甘酢らっきょう（市販品、小口切り）	100g
	キムチ（刻む）	50g
A	白すりごま	大さじ1と½
	ごま油	大さじ1と½
	砂糖	小さじ¼
	塩	小さじ¼
B	白すりごま	大さじ1
	砂糖	大さじ1
	しょうゆ	大さじ1
	おろしにんにく	小さじ½
	ごま油	大さじ2
	ごはん	600g
	卵黄	1～2個分
	白いりごま	適量
	コチュジャン（好みで）	適量

作り方

1 三つ葉は4cm長さ、牛肉はひと口大に切る。熱湯に三つ葉、豆もやし、牛肉の順に入れて火を通し、水きりする。

2 ボウルにAを½量ずつ入れ、三つ葉と豆もやしをそれぞれあえる。Bは合わせておき、牛肉をあえる。

3 フライパンにごま油大さじ1を熱し、ごはんを入れ、ヘラで押さえ平らにする。鍋肌からごま油大さじ1をまわし入れ、おこげができるまで焼く。さらにカリカリに仕上げるときは、鍋肌からごま油適量（分量外）をまわしかける。

4 3のごはんの上に、2、らっきょう、キムチをのせる。中央に卵黄をのせ、白いりごまをふる。

5 フライパンごと食卓に出し、熱いうちによく混ぜる。好みでコチュジャンを加えてもOK。

レミ流ワンポイント

香菜をちぎって散らしたり、ピーナツをくだいてパラパラのせたりしてもおいしい。

あっさり豚

フライパンで作る あさりと豚バラ肉の あっさりごちそう

材料も作り方もシンプルな、パパッと作れる時短料理なのに、うまみの相乗効果で絶妙なおいしさ！ うちでは香菜じょうゆでいただきますが、ポン酢やごまだれなど、お好きなたれで召し上がれ。

材料（4人分）

豚バラ薄切り肉	200g
あさり（殻つき、砂抜きしたもの）	400g
にんにく（つぶす）	1片
酒	大さじ3
香菜（ざく切り）	適量

香菜じょうゆ

香菜（みじん切り）、しょうゆ各適量をほぼ同量で合わせる

作り方

1 あさりはよく洗ってフライパンに並べ、にんにくを加える。その上に豚肉を広げてのせ、ふたをして強火にかける。あさりの口があいたら、ふたをあけて酒を加え、豚肉の色が変わるまで火を通す。

2 1を汁ごと器に盛り、香菜を散らし、香菜じょうゆをつけていただく。

レミ流ワンポイント

たれは、ポン酢でもおいしいし、香菜じょうゆのかわりに三つ葉じょうゆでも大丈夫よ。

かつおのジャッ

材料(4人分)

かつお(刺身用)	1さく(200g)
しょうゆ	大さじ1
A 白髪ねぎ	適量
香菜(ざく切り)	適量
ごま油	大さじ1

作り方

1 5mm厚さに切ったかつおを器に並べ、しょうゆをまんべんなくまわしかける。

2 1の上にAをのせ、熱したごま油を白髪ねぎの上から「ジャッ」とかける。

しょうゆのかわりに、レミだれ(97頁参照)を使うと、もっとコクがアップするわよ。

熱いごま油をジャッとかけて音もごちそうね

新鮮なお刺身と白髪ねぎに、あつあつに熱したごま油をジュジュジュッとかけるだけの簡単料理。あつあつの油によって、ねぎが風味よくなり、甘みに変わります。番組のロケで漁村を訪ね、とれたての刺身で実演したとき、歓声が上がったほどの簡単さね。お刺身はもちろん、白身魚の蒸しものでもおいしくできます。この料理でも香菜どっさりがお約束。いい味を出してくれるわよ。

ゆでないボンゴレパスタ

あさりの汁をパスタに全部吸わせるので、鍋ひとつで手間いらず

パスタって、ゆでたり、ソースを作ったりの手間があるけど、ゆでずにできるスピードパスタがこれ。あさりのうまみがパスタにしみて、ゆでる手間なしの、時短パスタね。

材料（2人分）

	パスタ（フェデリーニ）	140g
	しいたけ（薄切り）	4枚
A	あさり（殻つき、砂抜きしたもの）	300g
	水	3カップ
B	バター	15g
	みそ	小さじ2
	しょうゆ	小さじ1
	万能ねぎ（小口切り）	適量
	ゆずこしょう（好みで）	適量

作り方

1 フライパンにAを入れて強火にかけ、沸いたらアクを取り、あさりを取り出す。パスタを半分に折り、しいたけとともに入れ、中火にする。

2 6分たったら、Bを加えて味をなじませる。

3 ゆで汁がなくなったら火を止め、器に盛り、万能ねぎを散らす。1で取り出したあさりをのせ、好みでゆずこしょうを添える。

揚げないがんもどき

焼きつけるだけなので
超ヘルシーよ

お惣菜や練りものなどの加工品って、添加物が気になるじゃない。それも、手作りしちゃえば安心よ。桜えびやひじき、コーンや枝豆など、お好みの具材でアレンジしても。

材料（2人分）

A	木綿豆腐（しっかり水けをきる）	1丁（265g）
	ツナ缶（汁けをきる）	小1缶（75g）
	卵	1個
	片栗粉	大さじ1
	塩	少々
玉ねぎ（みじん切り）		½個（100g）
にんじん（みじん切り）		20g
サラダ油		適量
貝割れ大根		適量
しょうがじょうゆ（好みで）		適量
七味マヨネーズ（好みで）		適量

作り方

1 玉ねぎとにんじんは耐熱皿に広げる。水大さじ1（分量外）をまわしかけ、ラップをして電子レンジ（600W）で約6分加熱して、粗熱をとる。

2 ボウルに1とAを入れてよく混ぜ、小判形にする。サラダ油を熱したフライパンで両面色よく焼く。器に盛り、貝割れ大根を添える。

3 好みで、しょうがじょうゆや七味マヨネーズをつけていただく。

おわりに

私、本は何冊も出してきたけど、まさか嫁と本を出す日がくるなんて思ってなかったな。

それはこっちのセリフですよ！　私なんかついこの間まで、そこらへんでブラブラ生きてるただのシェフだったのに。

そんなことないでしょうよ。でもさ、こうやって、私の頭のなかと、料理を、しっかり形にしてアーちゃんに残せて、ほんとによかった！　これで悔いなく死んじゃえる。

そんなこと言わないでくださいよ。きっとまだまだ生きますよ、レミさんは。

そうかな。そうだといいな。孫たちの成長、ずーっと見てたいな。アーちゃんのごはんも食べたいし。

だから、それは無理ですって。

そうやって、無理です無理ですって威張ってるうちに、私が死んじゃったらどうするのよ！ きっと後悔するよ。「レミさんに食べてもらっとけばよかったな～」って。

そしたら、ごはん作ってお墓にお供えしますよ（笑）。

アッハッハッハッ！ ひどい嫁だね！ おばけになって出ちゃうよ。そんなこと言うと！

レミさんのおばけなんか全然怖くなさそう。おばけになっても元気に笑ってるでしょ、どうせ。

まあ、私はね、ずっとずーっと元気で、好きなことやって、仕事

も楽しんで、ネコかわいがって、孫たちと遊んで、和田さんとおいしいものを食べてたいから、毎日毎日体にいいごはんを作ってるの。やっぱり、人をつくるのは、人生をつくるのは、ごはんなのよ。おかげで私、ほんとに病院いらずですんじゃってるもん。死んで燃やしたって、骨もきっと立派だと思うよ！

もう、なんですか。さっきから。死ぬ話ばっかりしないでくださいよ！　さみしいじゃないですか。

え〜？　普通、嫁っていうのは、姑が死んだらホッとするんじゃないの？

わかんないけど、みんな、なんだかんださみしいと思いますよ。だって、好きでも嫌いでも、おかあさんはおかあさんじゃないですか。血がつながっていようが、なかろうが、おかあさんはおかあさん。特別な人ですよ。

そうか。そういえばさ、嫁姑コンビってあんまり世の中にいない

から、もっとおもしろいことできたらいいね。嫁姑関係をウリにして。

そうですね。じゃあ、仲よくしてないとダメですね。

何よ！　いやなの？

いやじゃないですよ、これからもお世話になります。

アッハッハッハ！　急にかしこまっちゃって！　似合わないからやめてよ！

うるさいなあ。せっかくまとめようとしたのに（笑）。

まとめるの？　なんで？　そうか、もう本が終わるのね。わかったわかった。みなさん、おいしいから作ってくださいね～！　これでいい？

もういいや、なんでも（笑）。

平野レミの次男（明日香の夫）が明かす、もうひとつの「嫁姑ごはん物語」。

こういう場所で文章を書かせてもらうのははじめてなので、少し気取った自己紹介からはじめようと思っていたのですが、本文を読んで、完全に計算が狂ってしまいました。自分の幼少期から日頃の食生活なんかが赤裸々に書かれているので、カッコつけてもカッコつきません。なので、ちょっと別の計算をしてみました。

僕は、母が作るごはんを食べて大きくなりました。小学校に入るまでは、1日3食×5年間、学校時代は、1日2食×16年間。大人になってからは、週1食×16年。たまの外食分を除いても、ざっと見積もって、1万5000食は母のごはんを食べた計算になります。

人からはよく、「レミさんのおいしいゴハンを食べて育ったなんて幸せだね」なんて言われますが、「おいしいゴハン」のすぐ隣には、いつも「めんどくさい教え」がついてまわりました。

たとえば、部活から帰って来て、肉をがっつり食べたくても、「お肉の3倍、野菜を食べなきゃダメ」と、お肉の前には必ず、満腹になるほどの野菜を食べさせられました。見ないと友だちの話題にのり遅れてしまうテレビ番組も、夕飯と重なると、「ごはん＝会話の時間」ということで、テレビのスイッチはオフ。子どもが大好きな清涼飲料水なんかも、基本的にはＮＧ。ごはんのときは、家で沸かしたお茶か水。食後は「ハイ、お清め」という謎の決まり文句とともに、強烈に苦い青汁を飲まされました。最初は、鼻をつまんでいないと耐えられないような手加減のないマズさでしたが、それを何年か耐え忍ぶと、のどが渇いたときに、たまに無性に飲みたくなるほど、体が青汁に適応していました。慣れというのは不思議です。

　また、母の「めんどくさい教え」は、女の子との付き合いにも及びました。「結婚するなら、元気で明るくて料理が好きな子がいい」「結婚前は妊娠させたら大変だから、コンドームは2枚重ねにしなさい」「結婚しても、大切なのは嫁よりも親だからね」などなど、冗談か本気かわからないようなことを、繰り返しすりこまれました。

　結局、料理がまったくできない、間違っても愛想がいいとは言えない明日香と結婚し、また結婚前に子どもができたので、ほとんどの教えは無視してきたわけですが……、〝大切なのは嫁よりも親〟については、この先も言われるかもしれないと思い、少し慎重になりました。

　母いわく、「旦那が妻を向きすぎると、親兄弟がバラバラになりやすい。親が第一。嫁はその次。これが、家族全体を平和に保つポイント」なんだとか。

　また大げさなことを言ってるなあ、と思いつつ、たまにそういうポーズをとることも、わが家の円満の秘訣なのかなと思い、当事者となる明日香にも、一連の話を伝えました。

　すると、「え？　当たり前じゃん。そりゃそうでしょ」と、拍子抜けするくらいサッパリとした答えが返ってきました。「親に対する接し方を見てれば、嫁に対する接し方もわかる」というおまけ話もついてきました。結婚に際して、何かもやもやした気持ちがあったわけではないのですが、それを聞いて、スカッと晴れやかな気分になったのを覚えています。


　あれから6年。小さい家族も3人加わり、母の「教え」の矛先は、家族の食事をコントロールする明日香に向けられるようになりました。「はーい。わかりました！　やっときまーす」という感じで、母をさらりと受け流し……いや、受け止める明日香の距離感は絶妙です。あの合気道のような身のこなしこそ、わが家の「嫁姑ごはん物語」を支える奥義ではないかと思っています。

何十年も変わらず、独自の教えを説き続ける姑。それを受け止めつつ、自分なりの言葉で子どもに伝える嫁。そして、それをめんどくさそうに聞く子どもたち。その姿を見ていると、過去の自分と重なり、父親になったことを実感するのです。

平野レミ Remi Hirano

料理愛好家(シャンソン歌手)。「シェフ」の料理ではなく、「シュフ」の料理をモットーに、テレビ、雑誌で数々のアイデア料理を発信中。人間ドックで、「5年間来なくていいです」と言われた健康体で、明るく元気なライフスタイルを提案。著書は30冊に及び、近著に『平野レミのつぶやきごはん～140字レシピ』(2012年、宝島社)がある。ホームページ「remy」https://remy.jp/

和田明日香 Asuka Wada

2010年に平野レミの次男と結婚。20代にして3児の母。キャベツとレタスの違いもわからない状態からコツコツ修業を重ね、現在は食育インストラクターとして活動中。子どもと一緒に楽しめる料理を得意とし、雑誌などでレシピを紹介するほか、離乳食のレシピ本の制作にも従事。ママ向け雑誌でモデルを務めるなど、幅広く活躍する。平野レミのホームページ「remy」で、コラムを更新中。

デザイン…三木俊一(文京図案室)
カバー撮影…和田率
カバー(プロフィール)、中面人物撮影…半田広徳
カバー(プロフィール)、中面人物スタイリング…平尾まさえ(モーリス)
料理撮影…原田圭介
料理スタイリング…宮澤由香
料理写真…今清水隆宏、原田崇、福岡拓、remy
構成…工藤玲子
協力…奥田暁美(remix)

[コスチュームの問い合わせ先]
WEARS INC.
東京都渋谷区神宮前3-5-7
電話03-5770-6256
(株)GSIクレオス
大阪府大阪市中央区大手前1-7-31 OMMビル6F
電話06-4977-6097
next原宿店
東京都渋谷区神宮前1-12-7
電話03-5413-6625
People Tree
東京都世田谷区奥沢5-1-16 3F
電話03-5731-6671
ファラオ
東京都渋谷区西原3-14-11
電話03-6416-8635
remy
東京都渋谷区元代々木町16-14 7F
電話03-3468-0048

平野レミと明日香の嫁姑ごはん物語

2015年10月21日　第1刷発行

著者　平野レミ　和田明日香

発行者　沢田 浩
発行所　株式会社セブン&アイ出版
〒102-0083 東京都千代田区麹町5-7-2 5F
http://www.7andi-pub.co.jp/
電話 03-6238-2884(編集)
03-6238-2886(販売)
本文組版　朝日メディアインターナショナル株式会社
印刷・製本　凸版印刷株式会社

Printed in Japan ISBN978-4-86008-666-4